R 2226.
4A.

LES ÉGAREMENS
DE
LA PHILOSOPHIE,

Pour servir de supplément au Livre intitulé : *Le Déïsme réfuté par lui-même*,

OU

Lettres à M. ROUSSEAU de Geneve, sur les erreurs philosophiques répandues dans ses écrits.

Nihil tam absurdum dici potest quod non dicatur ab aliquo Philosophorum. *Cic. de Divin. Lib.* 2.

A AMSTERDAM,
Chez MARC-MICHEL REY.

M. DCCLXXVII.

DISCOURS PRÉLIMINAIRE.

DE toutes les preuves victorieuses que la Religion réunit en sa faveur, le besoin que nous avons de son secours n'est pas la moins frappante. L'esprit humain est environné de toutes parts d'épaisses ténébres qu'il ne peut dissiper par ses propres lumieres. S'il cesse un moment d'être éclairé du flambeau de la révélation, il ne manque pas de s'égarer. Abandonné à lui-même, & privé des avantages que la Religion nous procure, il se perd dans la recherche des vérités, dont la connoissance importe le plus à notre bonheur. Nous en serons bientôt convaincus, si nous

nous rappellons les efforts impuissans & infructueux que les sages de tous les temps & de tous les lieux ont faits pour découvrir ces vérités; les erreurs prodigieuses dans lesquelles sont tombés les plus grands génies, lorsqu'ils n'ont eu pour guide que la lumiere naturelle; les systêmes absurdes que la philosophie a enfantés, pour expliquer l'essence de la Divinité, la nature de notre ame, & les points les plus intéressans de la morale.

Avant la naissance du Christianisme, le monde étoit, comme aujourd'hui, plein de sages & de philosophes; & sans doute ceux de ce temps-là valloient bien les nôtres. Cependant le monde étoit plongé dans les ténébres de l'idolâtrie. Pourquoi donc ces sages & ces philosophes ne bannirentils pas de l'univers des extravagances qui aviliſſoient & dégradoient le genre humain ? Pourquoi ne détruiſirent-ils pas le culte de tant de Divinités ridicules & bizarres ? Loin de proſcrire les abſurdités du paganiſme, la philoſophie adopta conſtamment les erreurs & les ſuperſtitions du vulgaire groſſier & ignorant qu'elle ſe vantoit d'éclairer. Comme lui elle adora des Dieux de bois & de pierre ; comme lui elle peupla de Divinités les terres & les mers, les forêts & les montagnes ; comme lui elle offrit ſon encens aux hommes, aux animaux, aux plantes, au feu, à l'eau, à la lumiere ; comme lui elle honora par des impudicités & des abominations ces Dieux impudiques & abominables, qui n'exigeoient de leurs adorateurs que des horreurs &

des infamies. C'est ainsi qu'elle délivra le genre humain du joug de la superstition & du fanatisme.

Quelques Philosophes, il est vrai, s'éleverent au-dessus des préjugés de leurs siécles, & reconnurent l'absurdité des opinions qui régnoient sur toute la terre. Mais confondant avec les extravagances du paganisme les vérités les plus incontestables & les devoirs les plus sacrés, ils ne s'écarterent de la route générale, que pour tomber dans de nouveaux précipices.

Il seroit difficile d'imaginer quelque chose de plus ridicule que l'hypothèse qui fut inventée par Leucipe, adoptée par Démocrite, développée par Épicure, ornée & embellie par Lucrece, pour expliquer l'origine des choses, la formation du monde, la production de l'homme & des animaux. Quoi de plus abſurde en effet, que d'attribuer au concours fortuit des parties de la matiere, l'ordre admirable qui s'annonce dans tout l'univers; que de dire qu'un ouvrage fait avec une ſi grande ſageſſe, que toute la ſageſſe humaine ne peut la comprendre, exiſte ſans qu'un ouvrier intelligent & ſage ait préſidé à ſa ſtructure? Ne faut-il pas avoir perdu la raiſon pour nier que le ſoleil ait été fait pour éclairer, échauffer & féconder la terre; que nous ayons reçu des yeux pour voir & des oreilles pour entendre? Ne faut-il pas être entiérement dépourvu de bon ſens, pour ſoutenir que les animaux ſont ſortis des entrailles du globe; que la terre produiſit d'abord des pieds ſans tête, des mains ſans bras, des eſtomacs ſans bouches; qu'enfuite ces membres épars se rapprocherent par hazard, se réunirent & formerent toutes les espéces d'animaux, & dans chaque espéce deux sexes différens; que la terre ouvrit alors son sein, qu'il en sortit des ruisseaux de lait, qui furent la nourriture commune de tous les êtres vivans, dont elle se trouva peuplée tout-à-coup? C'est-là sans doute le comble de l'extravagance humaine. Cependant cette hypothèse, si manifestement absurde, si évidemment contraire au bon sens & à la raison, trouva des partisans & des défenseurs parmi les plus célébres Philosophes de l'antiquité. Les disciples d'Épicure formerent pendant plusieurs siécles une école fameuse, & faisoient pour le moins autant de bruit dans le monde, que nos Philosophes en font aujourd'hui.

La morale des Épicuriens répondoit à leur physique, ou plutôt en étoit une suite nécessaire. L'homme jetté par hazard parmi les animaux de toute espéce, n'a pour toute regle de conduite que son instinct aveugle; sa félicité suprême est dans la volupté. Toute son occupation consiste à jouir du présent, à être tranquille sur l'avenir, à oublier le passé. Ses actions ne sont ni bonnes ni mauvaises, elles sont indifférentes. Les hommes n'avoient d'abord entr'eux aucune union, ni aucun rapport. Errants pendant le jour dans les forêts & sur les montagnes, ils se cachoient la nuit dans des cavernes profondes.

Après des milliers de siecles, ils unirent leurs forces pour combattre contre les lions, les ours & toutes les bêtes féroces. Quelqu'usurpateur adroit s'empara seul de l'autorité, & vint à bout d'assujettir des peuples entiers à son obéissance ; pour les gouverner plus facilement, il s'avisa de leur donner l'idée de je ne sais quelle Divinité chimérique, & de les effrayer par la crainte d'un avenir imaginaire. Telle fut l'origine des sociétés, des monarchies, des loix & de toutes les religions.

Ce n'est-là qu'une très-petite partie des grandes découvertes dont le monde est redevable à la Philosophie ancienne. Les Épicuriens ne sont pas les seuls sages qui aient transmis à la postérité des connoissances aussi précieuses ; plusieurs autres ont répandu sur l'origine du genre humain des lumieres aussi pures & aussi abondantes. Anaximandre nous apprend que les poissons ont été nos premiers parens.

Préliminaire.

Les hommes furent d'abord formés dans le sein de ces animaux; ils y prirent tout l'accroissement nécessaire; quand ils furent en état de subsister par eux-mêmes, ils en sortirent en foule & peuplerent la terre. Parménide n'est pas de ce sentiment; il croit que les hommes descendent immédiatement du soleil. Hésiode prétend que la terre étant sortie du cahos, épousa le ciel & enfanta les hommes & tous les animaux. Zaréta Chaldéen, soutient que la lumiere & les ténébres sont comme le pere & la mere de toutes les créatures.

Héraclide & Hippias pensent que le feu est le seul principe de toutes choses. Anaximene & Diogene croient que tout est composé d'air. Thales veut que tout vienne de l'eau. Empédocle soutient que tout est formé des quatre élémens. Anaxagoras prétend que toutes les choses ont été engendrées par de petits corpuscules homogenes, qui, par leur réunion, ont formé cet univers. Pythagore assure que les principes des choses naturelles consistent dans l'harmonie des nombres, dont le plus parfait, selon lui, est *dix*. Platon dit que ces principes sont Dieu, l'idée & la matiere. Selon Aristote, ce sont la matiere, la forme & la privation.

Avant eux tous, la Philosophie de l'ancienne Égypte avoit admis deux Divinités principales qui gouvernoient tout l'univers ; ces deux Divinités étoient le soleil & la lune. Le soleil avoit produit le feu & l'esprit; la lune avoit produit le sec & l'humide : l'air appartenoit à tous deux. L'esprit, le feu, le sec & l'humide étoient les membres du monde, comme les pieds & les mains sont membres du corps.

Des Philosophes si éclairés sur l'origine de l'espéce humaine, ne pouvoient manquer d'avoir des idées sublimes de la Divinité. Anaximandre admet l'existence d'un Être immense, éternel, infini, immuable ; & cet Être immense, éternel, infini, immuable, c'est le monde ; ou plutôt c'est l'assemblage d'une multitude innombrable de mondes, qui changent & se succédent sans interruption. C'est un composé de corps bruts, informes, inanimés, destructibles & sujets à d'éternelles vicissitudes.

Straton, Parménide, Xénophane, Mélissus & Zénon d'Élée, prétendent que la Divinité n'est autre chose qu'une certaine force répandue dans toutes les parties du monde, qui entretient leur union. Ils disent que le soleil, la lune, la terre & tous les astres composent tous ensemble un corps animé & vivifié, comme toutes les parties d'un animal font un être vivant, & que Dieu est à ce corps ce que la vie est à l'animal. Hippocrate pense que Dieu est un feu pur, subtile, immortel, qui connoît tout, qui anime tout, & qui est distribué dans toutes les parties de l'univers. Cette opinion diffère peu du sentiment de Zénon & des Stoïciens. Selon ceux-ci, Dieu est l'ame du monde, ou plutôt c'est le monde lui-même. C'est Dieu qui brille dans le soleil, qui se meut dans les corps célestes, qui végéte dans les plantes, qui nait, vit & meure dans les animaux.

On ne sait si l'on doit donner le nom de Dieu à celui qu'admettoit, ou que sembloit admettre Aristote. Dieu, selon le chef des Péripatéticiens, n'est point l'auteur de la matiere ; elle est éternelle comme lui. Il n'est pas même l'auteur de l'ordre du monde, puisque le monde, tel que nous le voyons, est indépendant de tout principe, quant à à la matiere & quant à la forme. D'un autre côté les soins de cette Divinité se bornent au ciel des étoiles fixes; ils ne s'étendent point jusqu'à la terre & aux planetes ; celles-ci sont soumises à des formes intelligentes subalternes.

Je ne finirois pas, si je voulois rapporter tous les sentimens ridicules & absurdes que les Sages de l'antiquité ont adoptés sur la nature divine. Les plus éclairés d'entr'eux, ceux qui ont le plus approché de la vérité, n'ont pas même eu l'idée de la création. Ils ont supposé que Dieu, semblable à un artisan vulgaire, avoit mis en œuvre une matiere existente indépendamment de sa volonté. Eh! comment auroient-ils pu croire que Dieu eut créé la matiere, puisqu'ils pensoient que Dieu lui-même étoit matériel? Anaxagore est, au rapport de Ciceron, le premier des Grecs qui ait sonpçonné l'existence d'un Être spirituel. Platon, après lui, a reconnu la spiritualité de l'Être Suprême; mais Ciceron regarde ce sentiment comme entiérement inintelligible; il demande ce que peut être un Dieu qui n'a point de corps.

(*a*)

Préliminaire.

(a) L'on sait aussi que ce même Platon, qui a dit tant de belles choses sur la Nature divine, ne laisse pas quelquefois de s'égarer prodigieusement; qu'il mêle de grandes erreurs aux idées nobles & sublimes qu'il nous en donne; comme lorsqu'il prétend que l'ame du monde est une émanation de la Divinité, ou que le Dieu souverain n'a point créé l'univers, mais que des Dieux inférieurs en sont les auteurs.

C'est d'après toutes ces absurdités qu'un Auteur illustre du siécle dernier, ne craint pas de regarder comme athées tous les Philosophes du paganisme. Il se trompe sans doute, car déraisonner

---

(a) *Quod Plato sine corpore Deum esse censet, id quale esse possit intelligi non potest.* Cic. de nat. Deo. lib. 1°.

sur la Nature divine n'est pas nier l'existence de Dieu.

La Philosophie ancienne n'a pas été plus éclairée sur les qualités de notre ame, que sur les perfections de la Divinité. Autant d'écoles, autant de différentes extravagances sur la nature, l'origine & la destination de cette noble partie de nous-même. Cette substance spirituelle, douée de raison & d'intelligence, par laquelle nous sommes capables de connoître & d'aimer, est, selon Épicure, un composé de sang, d'air, de feu & de parties matérielles. Selon Démocrite, c'est un composé de corpuscules pésans & animés. Selon Hippocrate, c'est la chaleur naturelle répandue dans tous les membres du corps. Selon Dicéarque, c'est une modification de la matiere, une qualité provenant de la combinaison des organes. Selon Zénon, c'est une portion de la Divinité, ou du feu céleste. Selon Platon & Pythagore, c'est un écoulement & une particule de l'ame du monde. Presque tous ont soutenu qu'elle mouroit avec le corps ; plusieurs croyoient qu'elle naissoit avant le corps; quelques-uns ont pensé qu'elle passoit d'un corps à un autre, de celui d'un homme dans celui d'une bête, & du corps d'une bête dans celui d'un homme.

La Philosophie moderne aura peut-être été plus heureuse que l'ancienne; & sans doute qu'elle aura mieux réussi dans la recherche des grandes vérités, qu'il est si intéressant pour nous de ne pas ignorer ; c'est du moins ce dont elle se flatte. Si nous en croyons ses chefs & ses sectateurs, c'est elle qui, comme un astre bienfaisant, a dissipé les brouillards de cette nuit épaisse & profonde, dans laquelle le genre humain étoit plongé. La philosophie a épuré la raison, elle a vengé la vérité, elle a réparé les maux & les ravages que l'ignorance, la superstition & le fanatisme avoient causés dans tout l'univers. La Philosophie nous a délivrés de cette foule de préjugés & d'extravagances dont la tyrannie nous tenoit courbés vers la terre; elle a tiré l'espéce humaine de la fange où des cultes sanguinaires, des loix stupides & une éducation pusillanime l'avoient ensevelie; elle a arrêté ce torrent d'erreurs & de crimes qui entraînoit tous les mortels; elle a répandu parmi nous cet esprit de douceur, d'humanité, de bienfaisance qui nous caractérise & qui étoit inconnu à nos barbares ancêtres. En un mot, c'est à elle que nous devons tous les biens & tous les avantages dont nous jouissons maintenant. Ainsi parlent sans cesse les partisans & les apôtres de la philosophie du jour.

Mais quand l'on vient à examiner avec un peu d'attention cette prétendue philosophie, qu'on la suit dans sa marche & dans ses progrès, que l'on considere les connoissances qu'elle nous procure, les sentimens qu'elle nous inspire, l'influence qu'ella a sur nos mœurs, on ne tarde pas à s'appercevoir qu'aulieu d'éclairer le genre humain, comme elle s'en vante, elle ne fait que l'égarer de plus en plus; que loin de détruire l'erreur & de proscrire le vice, elle ajoute des erreurs & des vices à ceux qui régnent dans l'univers,

& qu'elle étend la corruption des mœurs, en promettant d'établir sur la terre l'empire de la vertu.

Une chose qui devroit peut-être nous étonner, c'est que cette philosophie si vantée, & que l'on nous donne pour infiniment supérieure à la phisophie ancienne, la suit pourtant dans tous ses égaremens, renouvelle toutes ses erreurs, toutes ses absurdités, toutes ses extravagances, révoque en doute toutes les vérités que la premiere a ignorées ou méconnues. L'opinion ridicule des Épicuriens sur le premier état de l'homme, sur l'origine des loix & les fondemens de la société, sur l'établissement des différentes formes de gouvernement, compose le fonds du discours sur l'inégalité. C'est dans la même source qu'est puisé le systême

Préliminaire. 23

horrible de Hobbes sur la distinction du bien & du mal. La substance monstrueuse à laquelle Spinosa ôse donner le nom de Divinité, est de l'invention des Stoïciens. Le systême de la nature renouvelle le hazard, la fatalité, la force aveugle & toutes les bizarreries des anciens athées. Helvétius, la Métrie, & leurs nombreux commentateurs, ne font que resasser les sophismes & les ridiculités des Matérialistes qui ont existé dans tous les temps. Bayle, que nos génies créateurs copient éternellement, que fait-il autre chose lui-même que de copier & de ressusciter les rêveries des anciens Sceptiques ? Enfin les chefs actuels de la Philosophie, ceux en qui elle suppose plus de lumiere & plus de force d'esprit que dans le reste des hommes, vont puiser dans quelques ouvrages ténébreux les oracles qu'ils viennent nous annoncer.

Mais je me trompe; & il faut convenir que la Philosophie du jour n'a pas laissé de jetter quelques traits de lumiere dans l'abyme où nous étions plongés, & qu'elle a corrigé quelques-unes de nos erreurs. Nous nous imaginions, par exemple, que l'homme étoit né pour la société. La Philosophie a proscrit cette absurdité; elle nous apprend que nous ne sommes pas plus nés pour vivre en société, que pour voler sur les grands chemins; mais que nous sommes faits pour aller dans les bois avec les loups, brouter l'herbe & manger du gland. Nous pensions que les Princes tenoient sur la terre la place de Dieu même, qu'ils étoient revêtus de son autorité, & que nous leur devions la soumission, le respect, l'obéissance. La Philosophie nous a encore détrompés: un homme, nous dit-elle, ne doit à un autre homme, que ce qu'un chien doit à un chien, un cheval à un cheval, un animal à un animal de son espéce. Autrefois nous regardions le mariage comme un lien sacré & respectable à tous les hommes, & nous croyions qu'on ne pouvoit sans crime souiller la pureté du lit nuptial. Autre préjugé; le mariage est une institution puérile & ridicule, propre seulement à donner des entraves aux simples, & indigne de l'attention des sages. On nous avoit dit qu'il falloit apprendre de bonne heure aux jeunes personnes de l'un & l'autre sexe à combattre leurs inclinations naissantes, &

à résister au torrent des passions; qu'on ne pouvoit leur inspirer trop tôt des sentimens de vertu, de pudeur, d'innocence. Nouvelle erreur; ces leçons ne servent qu'à rendre la jeunesse maussade & insupportable; c'est un crime de combattre ses inclinations; une jeune fille qui fait la cruelle, outrage la nature en refusant de donner la vie à son semblable. On nous avoit appris à adorer l'Être Suprême, à respecter ses loix, à craindre un avenir, à attendre dans une autre vie la récompense dûe à la vertu, ou les châtimens destinés à punir le crime. Détrompez-vous, nous dit la Philosophie, cet avenir, dont on vous menace, n'est qu'un fantôme avec lequel on fait peur au vulgaire ignorant & crédule; ce Dieu dont on voudroit vous faire redouter les châtimens, ne vous connoît pas: le ciel est sa demeure, la terre ne peut l'intéresser. Il est trop grand pour laisser tomber sur vous le moindre de ses regards, vous êtes trop petits pour pouvoir l'honorer ou l'outrager : il est également insensible à vos hommages & à vos offenses. Nulle différence entre vous & les animaux, vous êtes sortis comme la bête du sein de la poussiere, vous y rentrerez comme elle. Cette ame que vous croyez être l'image de la Divinité, n'est qu'un peu de boue qui périra avec le corps, & aura la même destinée que les animaux qui vous environnent. La Philosophie a découvert encore que les principes de l'équité naturelle ne sont que de vieilles erreurs, que le bien & le mal, le juste & l'injuste, le vice & la vertu sont des noms inventés pour maintenir la subordination publique ; qu'assassiner son pere, son ami, son bienfaiteur, est une bonne action, quand on a du plaisir à la commettre. Telles sont les grandes lumieres, & les vérités sublimes dont nous sommes redevables à la nouvelle Philosophie; c'est ainsi qu'elle a chassé les ombres qui couvroient la surface de notre globe, & empêchoient la vérité de parvenir jusqu'à nous.

Ces principes détestables ne pouvoient manquer d'avoir sur les mœurs une influence pernicieuse, & d'en accélérer la perte. Aussi depuis que l'esprit philosophique s'est répandu dans la Capitale & dans les Provinces, qu'il a gagné tous les états, tous les sexes & tous les âges, quels désordres n'a-t-il point causés parmi nous ? Jamais le libertinage a-t-il été au point où nous le voyons ? Jamais la corruption a-t-elle été aussi grande & aussi générale que dans notre siécle ? Si les hommes ont été dissolus dans tous les temps, du moins ils ne l'étoient que par foiblesse; aujourd'hui le libertinage est érigé en principes de Philosophie; aujourd'hui ces écrits scandaleux, dont les noms seuls allarmoient autrefois la pudeur; ces écrits faits pour allumer & perpétuer dans les cœurs des feux impurs, n'ont plus rien qui nous effraye. La Philosophie nous a familiarisés avec ces productions licentieuses. On a vu sortir de la plume de ses premiers maîtres des livres abominables, regardés par des admirateurs fanatiques & libertins, comme des chef-d'œuvres de l'art, mais que l'on ne devroit regarder que comme des chef-d'œuvres de corruption & d'infamie. C'est-là que l'on apprend à ne plus rougir, à ne respecter ni les liens les plus sacrés, ni les devoirs les plus inviolables, ni les bienséances même les plus respectables. C'est-là que toutes les ressources sont mises en œuvre pour nourrir la volupté, pour justifier les passions, pour ennoblir le vice, pour jetter du ridicule sur la vertu même. C'est-là que cette passion furieuse, dont les emportemens sont sans bornes, qui trouble la bonne foi des mariages, le repos des familles, la tranquillité des peuples, qui porte par-tout la désolation & le ravage; cette passion barbare, qui seule fait répandre plus de sang, produit plus de meurtres, plus d'empoisonnemens, plus d'assassinats que toutes les autres ensemble, & qui conduit tant de scélérats au gibet & à l'échaffaud; c'est-là, dis-je, que cette infame passion est appellée la passion d'une belle ame, la foiblesse d'un cœur tendre, une bonté de caractère, un penchant innocent de la nature. Voilà comment nos Philosophes ont épuré les mœurs & fait régner la vertu parmi nous.

Ce n'est donc pas la Philosophie qui devoit éclairer l'univers & l'arracher à sa corruption; l'ancienne, s'égarant dans ses recherches, laissa le monde dans l'abyme où il étoit plongé; tous les efforts de la moderne tendent à l'y plonger de nouveau. C'est à la Religion qu'il étoit réservé de sauver les hommes du déluge d'erreurs & de crimes qui couvroit toutes les parties du globe. Ce que les sages de l'antiquité n'avoient pu opérer, Jesus-Christ le consomme dans un moment. Il paroît sur la terre, bientôt toute la terre est changée. L'univers prend une nouvelle face ; la lumiere succéde aux ténébres, la raison secoue le joug des passions, sous l'empire desquelles elle gémissoit depuis si long-tems, la vérité, qui jusqu'alors n'avoit osé se montrer, commence à paroître avec éclat ; les superstitions du paganisme sont abolies, les idoles sont renversées, les temples sont détruits, & le culte du vrai Dieu est établi chez toutes les nations.

Mais le Dieu que la Religion nous a fait connoître, est bien différent de toutes ces Divinités vicieuses & bizarres qui étoient adorées dans l'univers. Ce n'est pas ce Dieu imparfait, re-

connu

connu par la Philosophie, qui, incapable de produire d'autres êtres, se contente d'arranger ceux qu'il trouve existans comme lui-même de toute éternité. Le Dieu, dont la religion nous a donné l'idée, a bien une autre puissance. Il parle, & le néant même est docile à sa voix. Il dit un mot, & tout rentre dans la poussiere. Ce n'est pas ce Dieu oisif & indolent, qui ne daigne pas s'intéresser à ce qui se passe parmi les mortels, qui ignore par grandeur si nous sommes sur la terre. Le Dieu que nous adorons voit tout, connoît tout, conduit & gouverne tout; sa providence s'étend sur toutes ses créatures. Il ne ressemble pas à ces Dieux infames qui ne vouloient être honorés que par des infamies. Il est la pureté, la sainteté par essence, il est

C

souverainement parfait, il ne peut cesser de l'être sans cesser d'être Dieu. Il n'a rien de commun avec ces Divinités cruelles & barbares qu'on ne pouvoit appaiser que par le sang des victimes humaines qu'on immoloit à leur vengeance. Il ne demande que notre amour; l'hommage de notre cœur est le seul sacrifice qu'il exige de nous, le seul qui lui soit agréable.

La religion nous a éclairés sur la nature de notre ame. Celle-ci n'est plus comme autrefois ni un souffle, ni une vapeur, ni une harmonie, ni un feu subtil, ni un air délié ; elle ne nait plus avant le corps, elle ne meure plus avec lui, elle ne passe plus du corps d'un être raisonnable dans celui d'un vil animal. Simple, spirituelle, incorruptible de sa nature, elle est l'image

& la ressemblance de la Divinité, elle doit vivre comme Dieu même de raison & d'intelligence, elle est faite pour l'aimer & le contempler éternellement, elle est donc immortelle. Cette grande vérité n'est plus obscurcie par aucun nuage, elle est la base & le fondement de notre croyance.

La religion a adouci les mœurs de tous les peuples qui ont été éclairés de ses lumieres. Elle a fait respecter les nœuds du mariage aux nations qui n'avoient pas l'idée de cette institution sainte. Elle a aboli ces fêtes sanglantes, ces spectacles inhumains, où, pour amuser le loisir du peuple, on faisoit dévorer des hommes par les tigres & les lions. Elle a proscrit la coutume barbare qu'elle a trouvé établie dans plusieurs pays, d'exposer les enfans &

d'égorger les vieillards. Elle a détruit les dogmes absurdes, les usages ridicules, les loix infames, les cérémonies impures, qui avilissoient, qui dégradoient l'esprit humain, dans tous les lieux où les connoissances que le christianisme a répandues sur la terre, n'avoient point pénétré. Quand la religion n'auroit fait que ce seul bien aux hommes, nos Philosophes, qui parlent tant d'humanité & d'amour pour les peuples, devroient la chérir & l'honorer.

La religion forme les hommes à la vertu. C'est l'unique but qu'elle se propose, c'est l'objet de tous ses soins, c'est la fin à laquelle elle se rapporte toute entiere. A peine l'homme est-il né, qu'elle commence à lui parler de ses devoirs, à lui inspirer l'amour de la vertu & de la sagesse. Elle n'attend pas que son cœur ait reçu l'impression du vice, & soit dominé par la fougue des passions. Elle observe avec exactitude, elle saisit avec soin les premieres lueurs de sa raison, pour la diriger de bonne heure vers la route qui conduit à la vérité. Toujours attentive aux périls qui l'environnent, elle le détourne de tout ce qui pourroit faire sur un jeune cœur des impressions dangereuses, & corrompre ses inclinations naissantes. Elle lui inspire de l'horreur pour le vice, elle lui fait sentir combien la vertu est aimable, combien les délices de l'innocence sont préférables aux plaisirs grossiers que l'ame voluptueuse trouve dans l'illusion des sens & l'ivresse des passions. Elle développe les principes de la loi naturelle qu'elle trouve écrits au fond de son cœur, les maximes de l'équité, de la bonne foi, de la justice, & de toutes les vertus morales gravées dans son ame par l'auteur de la nature.

Il n'en est pas de la religion comme de la Philosophie. Quand même nos sages auroient pu découvrir les devoirs que nous impose la loi naturelle, ils n'auroient pas eu assez d'autorité sur nous pour nous les faire observer. Quand les principes de morale, qu'ils débitent avec tant d'orgueil, seroient aussi vrais & aussi raisonnables qu'ils le sont peu, ils seroient bons tout au plus pour la spéculation ; la Philosophie ne nous offre rien qui puisse nous porter efficacement à les mettre en pratique. Mais en nous faisant connoître nos devoirs, la religion nous donne de puissans motifs pour nous engager à les remplir. D'une part elle encourage l'homme de bien & le soutient par l'espoir d'un avenir heureux qu'elle lui fait envisager. Elle l'assure qu'un Dieu plein de bonté, témoin de ses combats, doit un jour l'en récompenser, & qu'un bonheur éternel sera le terme de ses longs travaux; dès-lors la vertu n'a plus rien de pénible pour lui.

D'un autre côté la religion arrête le crime, & effraye le coupable par la crainte d'un supplice sans fin. Elle dit au pécheur que son ame a coûté à Jesus-Christ tout son sang, qu'il doit faire plus de cas d'une chose achetée à un si haut prix ; qu'il doit y penser plus d'une fois avant de souiller de nouveau ce qui n'a pu être purifié que par le sang d'un Dieu. Elle met sous ses yeux un tribunal redoutable, où la justice même sera jugée, où la vertu tremblera, où les intentions les plus secretes & les plus cachées seront découvertes à la face de tout l'univers. Elle ouvre sous ses pieds un abyme tout pret à l'engloutir, & l'épouvante par la vue des malheurs infinis qui l'attendent. Prends-garde, lui crie-t-elle, à ce que tu vas faire. Le crime que tu vas commettre sera écrit pour toujours dans le livre des vengeances. Ce moment de plaisir te coûtera cher, il sera suivi d'une éternité de gémissemens & de larmes.

Je ne suis plus surpris qu'avec de tels motifs la religion ait opéré dans tout l'univers une révolution si subite & si grande, qu'elle ait arraché si promptement & si facilement le monde à la corruption, que des millions d'hommes, livrés aux plus grands excès & aux plus honteux déréglemens, soient devenus tout-à-coup des prodiges de vertu. Je ne m'étonne plus que les solitaires aient foulé aux pieds le monde entier, pour s'ensevelir dans des cavernes profondes; que les martyrs aient méprisé les huiles bouillantes, les flambeaux ardens, les ongles de fer, les bêtes cruelles, & tout ce que la rage des persécuteurs pouvoit inventer de plus barbare; qu'on les ait vus courir à la mort, voler aux échaffauds, se précipiter dans les flammes avec une ardeur inexprimable. Je ne m'étonne plus que des hommes de tout âge, de tout sexe & de toute condition, aient donné au monde le spectacle d'une vertu jusqu'alors inconnue sur la terre. Rien n'est impossible à quiconque croit un enfer. Il y auroit lieu au contraire d'être surpris, si les premiers fideles éclairés des lumieres de l'évangile, & pénétrés comme ils l'étoient de la vérité de la religion, avoient eu moins de ferveur.

C'est donc à la religion qu'il appartient de rendre l'homme vertueux, & de le porter à la pratique de ses devoirs. Quand on ne l'envisageroit que sous ce seul point de vue, elle seroit encore un des plus grands biens que Dieu ait pu faire au genre humain; & les avantages qu'elle nous procure suffiroient pour la rendre à jamais respectable à nos yeux. Car ôtez la religion de dessus la terre, vous ôtez tous les moyens de réprimer les passions, vous ouvrez la porte à tous les vices, à tous les désordres, à tous les forfaits; la fourberie, le mensonge, la trahison, la calomnie vont régner sur la terre; tout l'univers sera dans le trouble & la confusion.

La religion ne laisseroit donc pas d'être chere à nos cœurs, quand même elle ne réuniroit pas en sa faveur tant de preuves évidentes de sa divinité. Il n'est pas nécessaire d'entrer dans le détail de toutes ces preuves, pour fermer la bouche à l'incrédule & confondre son incrédulité. Pour faire voir combien la religion est respectable, & combien ceux qui l'attaquent sont dignes de mépris, je pourrois dire qu'elle a pour elle le témoignage de tous les grands hommes, qui, depuis l'établissement du christianisme, ont paru dans chaque siecle & en ont été l'ornement & les lumieres ; de ces hommes vénérables, si savans, si éclairés, si profonds, si sublimes, qui ont étudié la religion avec une application infatigable, ont approfondi toutes les preuves, pesé toutes les raisons, saisi toutes les difficultés. Je pourrois dire que l'auteur du christianisme a été annoncé depuis la naissance des siecles par une multitude innombrable d'oracles, qu'il a été tracé dans toutes les figures, toutes les cérémonies, tous les sacrifices de la loi ancienne, qu'il a été desiré par tous les Patriarches, prédit par tous les Prophêtes, attendu par toute la nation juive comme l'unique libérateur du genre humain. Je pourrois dire que sa naissance, sa vie & sa mort sont une suite non interrompue & un enchaînement contituel de prodiges & de merveilles; qu'il a chassé les maladies, les langueurs, les infirmités; que les démons effrayés par sa présence ont confessé leur honte & leur impuissance; que les êtres se sont transformés, reproduits, multipliés sous sa main; que les vents lui ont obéi, que les tempêtes se sont calmées à sa volonté, que les eaux se sont affermies sous ses pas, que les morts ont entendu sa voix, que lui-même est sorti du tombeau glorieux & triomphant. Je pourrois dire que douze disciples grossiers & ignorans, sans naissance, sans éducation, sans fortune, sans pouvoir, sans talens, sont venu à bout de convertir les savans, les ignorans, les villes, les royaumes, les empires, le monde entier, de confondre tous les philosophes, de renverser toutes les sectes, de résister à toutes les puissances. Je pourrois dire que le sang d'un million de martyrs rend témoignage à la vérité des prodiges sur lesquels la religion est établie ; que les Celse, les Porphyre, les Julien, les Juifs, les Payens, les Mahométans, tous les ennemis du nom chrétien, n'ont jamais osé en contester la réalité, & que l'univers, tout incrédule qu'il étoit, a été forcé de les croire. Mais je passe volontiers sous silence tant de preuves éclatantes, & je dis qu'indépendamment de tous les faits miraculeux qui déposent en faveur de la religion, elle mérite nos hommages. Une religion si utile à l'homme, qui nous donne des idées si sublimes de la Divinité, de la nature de notre ame, qui nous éclaire sur l'étendue de nos devoirs, qui nous porte si efficacement à la pratique de toutes les vertus, qui seule peut maintenir dans la société la tranquillité & la paix, & rendre les hommes heureux même en ce monde, doit être chere à tout homme qui a les intentions pures & le cœur droit. Et les ennemis de cette religion sont par cela seul les ennemis du repos public, les ennemis de l'état, les ennemis de tout le genre humain.

Comment donc devons-nous regarder cette multitude d'écrivains audacieux, qui semblent avoir formé le dessein impie de renverser le fondement de cette religion sainte, qui n'épargnent rien de tout ce qui peut avoir rapport à la foi, qui calomnient sans pudeur & sans ménagement ses dogmes, son culte, sa morale, sa dis-

cipline, ses ministres, son auteur lui-même, qui rassemblent dans leurs ouvrages les railleries, les injures, les blasphêmes, les attrocités des impies & des libertins qui ont jamais paru dans le monde ? Si cette humanité, qu'ils nous vantent sans cesse, étoit chez eux autre chose qu'hypocrisie & mensonge, si toutes les belles leçons qu'ils nous en donnent, n'étoient point un jargon inventé pour séduire ceux qui lisent leurs ouvrages; si le bonheur du genre humain leur étoit aussi à cœur qu'ils s'efforcent de nous le faire croire; si en un mot ils étoient aussi humains & aussi bienfaisans dans leur conduite, qu'ils veulent le paroître dans leurs écrits, les verroit-on s'acharner ainsi contre une institution si nécessaire à la tranquillité publique & au bien-
être

être de l'espece humaine? Les verroit-on dans des ouvrages tout-à-fait étrangers à la religion, faire violence à leur matiere, pour y insérer à toute force quelques traits satyriques, quelques maximes de libertinage & d'irréligion? Les verroit-on inonder éternellement le public d'une foule de brochures pitoyables, qui souvent n'ont de saillant que l'impiété qui s'annonce à chaque page, & dont peut-être on n'eut pas soupçonné l'existence, sans les blasphêmes qu'elles contiennent.

Cependant les auteurs de ces productions infames, jouissent dans le monde d'une considération étonnante; ce sont des oracles dont on parle toujours avec un certain respect; on ne cesse de nous vanter leurs talens & leur génie; on fait gloire de penser, de parler & d'écrire comme eux. Les titres pompeux de savans, de littérateurs, de sages, de philosophes, qu'ils se sont donnés eux-mêmes, en imposent à la multitude & servent à couvrir leurs écarts sans nombre. On a peine à s'imaginer que des hommes si célébres puissent se tromper si lourdement, & c'est peut-être la plus dangereuse des illusions.

Pour la dissiper, il ne faut que montrer l'incrédulité telle qu'elle est, & mettre à découvert les erreurs & les extravagances quelle cache sous les noms fastueux de sagesse & de philosophie dont elle se pare; il suffit de faire voir à quoi se réduit cette philosophie prétendue, qui fait tant de bruit parmi nous, quels sont ses véritables principes & le terme où ils aboutissent naturellement; quel est l'esprit qui anime nos sages; en un mot ce dont sont capables ces hommes orgueilleux, qui, en refusant de se soumettre à l'autorité la mieux établie & la plus respectable qui soit au monde, veullent eux-mêmes soumettre l'univers entier à leurs décisions tranchantes, parlent de tout avec un ton impérieux, un air de supériorité & une hardiesse que rien n'égale.

C'est le but que je me suis proposé dans ce petit ouvrage. Pour faire connoître les vérités sublimes que nous devons à la Philosophie, j'ai cru devoir puiser dans les œuvres du Citoyen de Geneve. Comme il est un des plus grands défenseurs de l'incrédulité, pour fermer la bouche à tous les incrédules, il suffira de mettre au jour les égaremens prodigieux dans lesquels cet écrivain célébre est tombé. En effet, si le plus éclairé de nos Philosophes, le plus profond & le plus éloquent, n'a pu s'écarter des régles de la foi & secouer le joug de son autorité, sans donner dans des erreurs qui le déshonoreront à jamais; la conclusion sera facile à tirer pour tous les autres; & les écarts de ce seul Philosophe suffiront pour confondre toute la Philosophie.

Le petit écrit que je donne au public peut être regardé, ainsi que le titre l'annonce, comme la suite & la continuation du *Déïsme réfuté par lui-même*. M. Bergier, à qui il étoit réservé de venger la religion, & de mettre en poudre les vains sophismes que ses ennemis lui opposent, se contente dans cet ouvrage de défendre les vérités que la foi nous a fait connoître; il ne s'étend pas sur celles que la raison & la révélation nous enseignent de concert. Comme ce n'est pas l'apologie de la religion naturelle qu'il entreprend, mais celle du christianisme, il ne parle pas d'un grand nombre de maximes également pernicieuses & absurdes, répandues dans les écrits qu'il attaque. Content de réfuter d'une maniere victorieuse, les erreurs théologiques de son adversaire, il passe sous silence ses erreurs philosophiques. Ce sont ces dernieres que je me propose de montrer ici. Pour faire triompher la religion, il n'est pas toujours nécessaire de recourir aux grandes preuves qui en démontrent la divinité, souvent il suffit de découvrir les extravagances de ceux qui la combattent. J'espere que le lecteur ne tardera pas à trouver des preuves de la vérité de cette remarque.

LES ÉGAREMENS DE LA PHILOSOPHIE.

LETTRE PREMIERE.

Observations générales sur les contradictions, les bizarreries & les déclamations du Citoyen de Geneve.

OUI, Monsieur, la lecture de vos ouvrages m'a confirmé dans l'idée que le public m'en avoit donnée. C'est à vous qu'il appartient de plaire & d'intéresser, lors même que par la singularité de vos opinions vous forcez vos lecteurs à n'être pas de votre avis. On ne peut lire une de vos pages sans concevoir de l'estime pour les talens rares qui vous distinguent parmi les écrivains de notre siécle ; on ne peut s'empêcher d'admirer sur-tout cette diction pure, simple, élégante, ce style rapide & nerveux, ce génie profond & sublime, cette éloquence mâle & vigoureuse qui s'annoncent dans toutes vos productions. Vos écrits, quoique pleins d'erreurs & de mensonges, ne laisseront pas d'être toujours un des plus beaux monumens de l'esprit humain.

Mais le respect que nous devons à vos talens ne doit pas nous faire oublier ce que nous devons à la raison, à la vérité, à la religion. Nous ne devons pas oublier non plus que les talens, quels qu'ils soient, ne donnent jamais le droit d'outrager celui qui en est le dispensateur. Plus même ces talens ont rendu votre nom célébre dans l'Europe, plus il importe de montrer au public l'abus que vous en avez fait pour le tromper.

Ce n'est pas que je veuille entreprendre ici l'apologie de la religion, que vous attaquez si souvent dans vos ouvrages, & dont vous parlez toujours avec si peu de ménagement. De célébres écrivains l'ont fait avec plus de succès que je ne pourrois m'en promettre. Ils ont solidement réfuté les vains sophismes que vous opposez aux preuves victorieuses qui établissent la vérité de notre croyance; ils ont démontré la nécessité d'une religion surnaturelle, l'obligation de se soumettre à son autorité, la certitude des miracles qui déposent en faveur du christianisme, les conséquences affreuses du dogme absurde de la tolérance universelle. Ils n'ont dissimulé aucune de vos difficultés; ils ont donné à toutes des réponses claires & précises, capables de porter la conviction dans l'ame de tout homme raisonnable. Il n'y a donc plus rien à desirer sur cette matiere.

Mais ce n'est pas la religion seule que vous attaquez dans vos écrits ; vous outragez la raison même. Vous calomniez les sciences, en leur attribuant des vices dont elles ne peuvent être responsables ; vous renversez les fondemens de la société, en brisant les nœuds qui attachent les sujets à leur Prince, en détruisant le principe de l'obèissance dûe à l'autorité souveraine ; vous dégradez la nature humaine en la rabaissant au-dessous des animaux mêmes ; vous attaquez les vérités les plus incontestables, & vous leur substituez des maximes ridicules qui choquent le bon sens. Il est donc nécessaire de venger la raison & l'humanité ; de découvrir les écarts surprenans dans lesquels vous êtes tombé, en vous donnant pour le précepteur du genre humain; de montrer au public qu'en voulant éclairer les hommes, vous ne faites que les égarer, & que tous les avantages que vous promettez dans vos ouvrages, ne sont que mensonge & illusion.

C'est le but que je me suis proposé dans ces lettres. Mon dessein est de faire appercevoir les conséquences singulieres des faux principes, qui sont presque toujours la base de vos prétendues démonstrations; de montrer le vice de vos raisonnemens, de les dépouiller de l'ornement extérieur qui les environne, & de les réduire à leur juste valeur; de faire voir quelle seroit la croyance d'un homme qui admettroit toutes vos maximes sans exception, ce qu'il penseroit de lui-même, quelles idées il auroit de sa nature, de son origine, de ses facultés, de ses devoirs. Le lecteur ne verra pas sans étonnement que vous êtes tombé sur tous ces points dans des erreurs qui seront à jamais la honte de l'esprit humain. Mais la religion tirera de vos égaremens mêmes un grand avantage; ils prouveront de la maniere la plus frappante que la raison a besoin d'un guide qui lui montre la route qu'elle doit suivre pour parvenir à la vérité; que l'homme dirigé par ses propres lumieres devient bientôt la dupe de ses pensées; que les génies les plus profonds ne manquent pas de s'égarer, dès qu'ils refusent de se soumettre à l'autorité de la religion; & que quiconque perd la foi, ne tarde pas, sinon à perdre la raison, du moins à en faire un très-mauvais usage.

Mais avant de développer ces différens objets & d'entrer dans le détail des discussions où ils pourront nous conduire, qu'il me soit permis de mettre sous vos yeux quelques observations que je n'ai pu m'empêcher de faire en vous lisant.

Ce n'est pas sans raison que depuis longtemps le public est étonné de vous voir si peu d'accord avec vous même. Outre les contradictions sans nombre dont vos écrits sont remplis, & dont nous parlerons dans ces lettres, on vous voit soutenir avec la même chaleur le pour & le contre, combattre indistinctement la vérité & le mensonge, les préjugés & les principes les mieux établis, la religion & l'incrédulité. Tantôt vous foudroyez l'athéisme, tantôt vous attaquez les preuves de l'existence de Dieu; Ici vous préconisez l'excellence du christianisme, là vous en sappez les fondemens; vous vous déchaînez contre les sciences & les arts, &, comme on vous l'a reproché tant de fois, vous cultivez toute votre vie les sciences & les arts ; vous prêchez avec le zèle d'un apôtre contre la comédie, & vous composez des comédies ; vous déclamez sans cesse contre la corruption des mœurs, & vous faites un roman, dont une page suffit, de votre aveu même, pour corrompre les mœurs. Tout cela, n'en doutez pas, a dû contribuer autant que vos talens à vous rendre fameux dans l'Europe.

Le projet qu'on avoit formé d'établir un théatre à Geneve votre patrie, vous a fait trembler pour la vertu de vos compatriotes; vous avez repris, pour vous opposer à l'exécution de ce projet, la plume que vous aviez quittée, & vous avez montré admirablement le danger des spectacles. Mais par une inconséquence qui n'appartient qu'à vous, vous prétendez dans ce même ouvrage qu'on devroit se faire moins de scrupule des bals qui se donnent entre de jeunes personnes de l'un & l'autre sexe. Vous ne comprenez pas pourquoi on s'effarouche si fort contre la danse; elle est, selon vous, *une inspiration de la nature.* Il ne tient pas à vous qu'on n'établisse dans chaque ville de l'Europe un prix annuel, pour couronner solemnellement celle de toutes les filles qui auroit le mieux dansé durant l'année, & qui auroit plu davantage à tout le monde ; comme si la danse étoit bien propre à épurer les mœurs ; comme si elle ne pouvoit pas, ainsi que les spectacles, faire des impressions vives & dangereuses sur le cœur d'une jeune personne ; comme si, en un mot, elle n'étoit pas capable d'exciter & de réveiller les passions.

Vous dites, & vous répétez souvent, que vous êtes bien au-dessus de l'estime, de la gloire, de la réputation, & de tout ce qui influe sur la conduite du reste des hommes, que vous vous souciez tout aussi peu des satyres du public que de ses éloges, que vous n'aspirez à rien moins qu'à l'honneur de bien écrire, & de vous distinguer dans la république des lettres ; cependant toutes les fois que vous mettez un ouvrage en lumiere, vous avez grand soin d'avertir le public que vous êtes en état d'en faire encore un meilleur. Tantôt c'est une piece que vous avez faite à l'âge de dix-huit ans, & que vous vous êtes gardé de publier, tant que vous avez tenu, quelque compte de la réputation d'auteur (*a*). Tantôt c'est une espece d'ouvrage, qui d'abord n'étoit qu'un mémoire, & que vous avez cru devoir donner tel qu'il est, plutôt que de faire de nouveaux efforts pour le rendre meilleur (*b*). Ici c'est un écrit fait dans un temps de maladie & de tristesse, où vous n'étiez nullement en état de penser & d'écrire, & qui par conséquent est bien au-dessous de ce qu'il auroit pu être en de plus heureux jours (*c*). Ailleurs ce sont des lettres mal écrites, que vous avez balancé long-temps à publier, & à la tête desquelles vous ne vous êtes déterminé qu'avec peine à mettre votre nom (*d*). Voilà, ce me semble, bien des précautions pour un homme

―――――――――――――――

(*a*) L'Amant de lui-même.
(*b*) Emile.
(*c*) Lettre à M. d'Alembert.
(*d*) Nouvelle Héloïse.

qui

qui n'aspire pas à l'honneur de bien écrire, qui fait peu de cas de l'estime du public & de la réputation d'auteur.

Une chose assez singuliere encore, c'est la maniere honnête dont vous répondez aux écrivains qui se sont avisés de n'être pas de votre sentiment, & qui ont été assez téméraires pour oser prendre contre vous le parti de la religion. Les complimens que vous leur faites sont charmans ; *c'est une foule d'adversaires qui vous attaquent sans vous entendre, avec une étourderie qui vous donne de l'humeur, avec un orgueil qui vous en inspire. Ce sont de méprisables insectes, de chétifs habitués de paroisse, des sots en petit collet, des prêtres qui s'empressent, s'évertuent & s'acharnent autour de vous, des cuistres qui veulent trancher du capable* (a). Telles sont les armes victorieuses avec lesquelles vous terrassez vos adversaires.

_____

(a) Lettre à M. de Beaumont.

On a peine aussi à comprendre pourquoi vos ouvrages sont presque tous si remplis de fiel & d'amertume, pourquoi vous prêtez à tous vos contemporains tant de noirceur & de malignité. A vous entendre, tous les hommes sont méchans, tous les cœurs sont gâtés, la corruption est au comble, le mal est sans remede, il n'y a plus moyen de changer les hommes ; ce seroit *former un chimérique projet que d'entreprendre d'en faire d'honnêtes gens.*

Mais en quoi consiste cette corruption si grande, si invétérée, qu'elle nous ôte l'espérance même de devenir jamais *honnêtes gens* ? Nous sommes, selon vous, tellement énervés par le luxe, que sans avoir mal aux pieds, nous ne pouvons nous passer de chaussure ; & pour me servir de vos propres expressions : *nous sommes trop obligés d'avoir des souliers, pour n'être pas dispensés d'avoir de la vertu* (a).

_____

(a) Oeuvres diverses. Amsterd. Tom. I. p. 118.

Personne n'a échappé à la malignité de vos censures; la Majesté du Trône n'est pas même à couvert de vos traits satyriques. Les Souverains, selon vous, sont des *ambitieux qui d'une adroite usurpation ont fait un droit irrévocable; qui pour leur profit ont assujetti le genre humain au travail, à la servitude, à la misere* (a). Ces hommes qui se dévouent pour l'État & ne craignent pas d'exposer leur vie & de répandre leur sang pour sa défense, *sont d'honnêtes gens qui comptent parmi leurs devoirs celui d'égorger leurs semblables, qui se massacrent par milliers sans savoir pourquoi...... qui de défenseurs de la Patrie en deviennent tôt ou tard les ennemis; tiennent sans cesse le poignard levé sur leurs concitoyens, sont prets à la premiere occasion à tremper leurs mains dans le sang même de leur pere, de leur mere, de leur femme & de leurs enfans* (b).

―――――――――――――――
(a) Oeuv. div. tom. I. pag. 347 & 548.
(b) Ibid. pag. 349 & 383.

Les Évêques, les Magistrats & tous les hommes constitués en dignité, *ne reconoissent de droits que ceux dont ils jouissent, & de loix que celles qu'ils imposent. Loin de se faire un devoir d'être justes, ils ne se croient pas même obligés d'être humains. Ils accablent fièrement le foible, sans répondre de leurs iniquités à personne........ les outrages ne leur coûtent pas plus que les violences...... sur la moindre convenance d'intérêt, ils nous balaient devant eux comme de la poussiere....... ils diffament, ils déshonorent, ils décrètent, ils brûlent sans droit & sans raison* (a).

Ne pourroit-on pas dire avec plus de vérité que la Philosophie du jour donne à ses sectateurs le privilege exclusif de dire des injures ; qu'ils calomnient sans pudeur quiconque n'est pas de leur parti ; que les mensonges ne leur coûtent pas plus que les ou-

---

(a) Lettre à M. de Beaumont sur la fin.

trages; que loin de se faire un devoir d'être honnêtes, ils se sont fait une loi de ne garder aucune mesure; que les invectives, les impostures, les atrocités deviennent permises dès que la morgue philosophique est blessée en la moindre chose; qu'il suffit de ne pas penser comme ces Messieurs, pour mériter d'être couvert d'infamie à la face de l'univers, & que la prétendue tolérance qu'on nous vante sans cesse, est mille fois plus intolérante que l'intolérance même qu'on nous reproche si amérement?

Toutes les fois que vous parlez des catholiques, votre style s'éléve, & c'est alors que vous déployez toute votre éloquence : *L'Eglise romaine en imposant le célibat à ses ministres, ne fait que leur défendre d'avoir des femmes en propre, & leur ordonner de se contenter de celles d'autrui* (a). *L'athéisme marche à visage découvert chez*

―――――――――――

(a) Nouvelle Héloïse, tom. 3. pag. 297.

les Papistes..... il n'y a chez les catholiques d'autre religion que l'intérêt de ses ministres... le clergé se moque en secret de ce qu'il enseigne en public ; à peine y trouve-t-on quelques prêtres qui croient en Dieu (a).

Voilà ce que vous annoncez hautement à toute l'Europe ; telles sont les injures atroces, les noires calomnies que vous n'avez pas honte de répandre dans vos ouvrages. Qu'ont donc fait les prêtres pour mériter l'opprobre dont vous voulez les couvrir? Il est vrai qu'ils ne marchent point nus-pieds ; mais, quoique vous en disiez, on peut avoir des souliers & croire en Dieu.

Le sexe n'est pas plus à l'abri de vos censures que le clergé, vous ne respectez pas plus l'honneur des femmes que celui des prêtres : *il n'y en a pas une seule ni à Paris ni à Londres, qui ait l'ame vraiment hon-*

―――――――――――

(a) *Ibid.* pag. 134, 135 & 142. Lettre à M. de Beaumont, pag. 40.

nête. Et si toutes les femmes en général ont besoin d'un mari, ce n'est qu'afin de cacher les ressources dont elles ne manquent jamais pour s'en passer (*a*).

Nos religieuses ne s'attendoient pas que vous leur feriez aussi l'honneur de songer à elles ; cependant elles ne sont pas oubliées dans vos déclamations. *Les couvens sont de véritables écoles de coquetterie, de cette coquetterie qui produit tous les travers des femmes, & fait les plus extravagantes petites-maîtresses* (*b*).

Il n'y a peut-être pas un seul corps dans l'État qui ait été épargné. *Les médecins ne nous guérissent d'aucune maladie, & ils nous en donnent de bien funestes. La médecine est un art plus pernicieux aux hommes que tous les maux qu'il prétend guérir* (*c*).

―――――――――――――――――
(*a*) Émile, tom. 4. pag. 81.
(*b*) Ibid. pag. 79.
(*c*) Émile, tom. I. pag. 43.

Vous ne savez pas non plus *à quoi servent ces établissemens risibles qu'on appelle colleges....... les leçons que les écoliers prennent entr'eux dans la cour du college, leur sont cent fois plus utiles que tout ce qu'on leur dira jamais dans la classe* (*a*). *Il est de la derniere évidence que les compagnies savantes de l'Europe ne sont que des écoles publiques de mensonge, & très-sûrement il y a plus d'erreurs dans l'Académie des Sciences que dans un peuple entier de Hurons* (*b*).

Je ne finirois pas, si je voulois rapporter ici toutes vos injures & toutes vos invectives. Par-tout vous criez, vous déclamez, vous calomniez. Ce qui fait l'admiration du monde entier devient le sujet de vos railleries & de votre dérision. Vous voulez tout renverser, tout détruire; on diroit que vous avez formé le projet d'anéantir cet univers & d'en créer un nouveau.

(*a*) Émile, tom. I, pag. 218.
(*b*) Émile, tom. II. pag. 101.

Vous ne devez donc pas être si étonné que vous le paroissez, de ce que vous appellez *les bizarreries de votre destinée.* Quand toute l'Europe se seroit liguée contre vous, comme vous vous en plaignez quelque part; il n'y auroit rien en cela qui dût vous surprendre. En lisant vos ouvrages, on conçoit sans difficulté comment vous avez pu être censuré par l'Église, décrété par les Parlemens, chassé par vos compatriotes, & abandonné des Philosophes mêmes.

Je suis, &c.

LETTRE SECONDE.

Paradoxe du Citoyen de Geneve sur les Sciences.

Pour peu qu'on life avec attention vos ouvrages, Monsieur, on ne tarde pas à deviner la raifon qui vous a engagé à choifir la route que vous avez fuivie. Des vérités fimples, naturelles, faciles à démontrer, ne vous ont point paru propres à donner à vos talens toute la célébrité que vous vous propofiez d'acquérir. Dans le fiecle où nous vivons, ces fortes de lieux communs font bons pour exercer une plume médiocre & un écrivain vulgaire; mais ils paroiffent peu dignes d'occuper l'homme de génie. On trouve bien plus de gloire à tromper adroitement le public, à lui préfenter avec art & délicateffe de brillantes

Lettre seconde. 75

chimeres, à avancer une proposition fausse, & à la revêtir de toutes les apparences du vrai, qu'à soutenir & défendre une opinion raisonnable, qui paroît se défendre & se soutenir d'elle-même. D'ailleurs on auroit honte de penser comme la multitude ; il faut bien que l'on se distingue ; & on ne peut guere le faire qu'aux dépens de la vérité. Tel est, Monsieur, le parti que vous avez pris.

Le paradoxe fameux par lequel vous avez commencé à étonner le monde littéraire, & à fixer sur vous les regards des Savans & des Philosophes, en est une preuve incontestable. Persuadé que le meilleur moyen de montrer tout ce dont vous étiez capable, étoit de choisir une opinion hardie, de la défendre avec chaleur & avec éloquence, vous n'avez pas craint d'avancer que les sciences, loin d'avoir contribué à épurer les mœurs, n'avoient fait au contraire que les corrompre d'avantage ; & vous avez prouvé à des hommes favans & vertueux que la fcience & la vertu font incompatibles. Ce paradoxe a été appuyé par les agrémens du ftyle ; à la folidité des preuves vous avez fubftitué ce coloris charmant, ces faillies heureufes, ces traits de feu qui raviffent l'ame & éblouiffent le lecteur ; enfin vous avez employé tant d'art & de fciences, pour calomnier les fciences & les arts, que l'Académie a cru devoir vous accorder les honneurs du triomphe. Le public en a été étonné, les fages en ont été indignés ; plufieurs écrivains ont pris fur le champ la plume, pour venger l'outrage fait à la littérature, & défendre la gloire de la philofophie & des beaux arts.

Quoique cette matiere ait été trop long-temps difcutée, quoique, à mon avis, elle n'ait même jamais eu befoin de l'être, je ne laifferai pas cependant de mettre encore quelques obfervations fous les yeux du lecteur, finon pour répandre fur cet objet de nouvelles lumieres ; du moins pour montrer de plus en plus au public votre goût pour la singularité, & par conséquent le peu de cas que l'on doit faire de toutes vos opinions.

Il est assez difficile de déterminer au juste ce que vous avez soutenu sur cette question. Vaincu par vos adversaires, vous avez changé cent fois de sentiment. Tantôt vous condamnez généralement & sans exception les savans & les sciences, les arts & les artistes ; tantôt vous permettez aux savans de cultiver les sciences, & aux artistes de perfectionner les arts. Vous posez des principes, & vous niez les conséquences nécessaires de ces principes : vous prétendez que les lettres entraînent infailliblement la ruine des mœurs, qu'elles sont pour tous les peuples une source éternelle de dissolution & de crime ; cependant vous ne voulez pas qu'on bannisse les lettres de la société ; vous voulez au contraire qu'on laisse subsister, qu'on entretienne même avec soin les académies, les colleges, les universités, les spectacles, &c. En sorte que l'on ne sait à quoi peuvent tendre toutes vos déclamations, ni quel peut être le but que vous vous êtes proposé dans votre discours.

Tâchons néanmoins de saisir l'enchaînement de vos principes, de les bien analyser; & gardons-nous de mériter le reproche que vous faites si souvent & si amérement à vos adversaires, de ne vous avoir pas entendu, ou de vous avoir malicieusement attribué des opinions que vous n'avez point défendues. Il me semble que tout ce que vous avez dit sur les sciences, soit dans votre discours, soit dans vos répliques aux réponses qu'on y a faites, peut se réduire aux assertions suivantes, que je vais transcrire mot à mot, afin que vous ne disiez pas que je m'écarte de votre sens véritable.

„ 1°. La science n'est point faite pour

Lettre seconde. 79

« l'homme, l'ignorance est son état natu-
» rel; il n'est pas né pour réfléchir; la ré-
» flexion ne pouroit que le rendre malheu-
» reux. C'est notre orgueil qui nous a fait
» sortir de l'heureux état d'ignorance où
» la sagesse éternelle nous avoit placés; ce
» sont nos vices qui ont produit toutes nos
» connoissances & toutes nos lumieres. Le
» voile épais dont la nature a couvert ses
» opérations, nous avertit qu'elle ne nous
» avoit pas destinés à l'invention des arts;
» elle a voulu nous préserver de la science
» comme une mere arrache une arme dan-
» gereuse des mains de son enfant.

» 2°. Nos sciences sont vaines dans l'ob-
» jet qu'elles se proposent, & dangereuses
» dans les effets qu'elles produisent. Elles
» anéantissent l'amour de nos premiers de-
» voirs, amollissent les corps & les ames,
» relachent tous les liens de la société, cor-
» rompent les mœurs, altérent la santé,
» détruisent le tempéramment, gâtent sou-

« vent la raison, & ne nous apprennent
« rien. Elles énervent le courage, font éva-
« nouir les vertus ; elles nuisent aux qua-
« lités morales & aux qualités guerrieres ;
« l'élévation & l'abaissement journalier des
« eaux de l'océan, n'ont pas été plus régu-
« liérement assujettis au cours de l'astre
« qui nous éclaire durant la nuit, que le
« sort des mœurs & de la probité au pro-
« grès des sciences & des arts.

« 3°. Toutes les nations savantes ont
« toujours perdu l'amour & la pratique
« de la vertu, ont toujours été corrom-
« pues; cela est sans exception. On n'a ja-
« mais vu de peuples vertueux cultivant
« les sciences. Le beau temps, le temps de
« la vertu de chaque peuple, a été celui de
« son ignorance. On a vu la vertu s'enfuir
« à mesure que leur lumiere s'élevoit sur
« l'horison. L'Égypte devient la mere de
« la Philosophie & des beaux arts, & bien-
« tôt après la conquête de Cambise, puis
« celle

» celle des Grecs, des Romains, des Ara-
» bes, & enfin des Turcs. Dans la Grece,
» le progrès des arts, la dissolution des
» mœurs & le joug des Macédoniens se
» suivirent de près. Rome fondée par un
» pâtre & illustrée par des laboureurs;
» Rome jadis le temple de la vertu, en
» devenant la patrie des savans & le séjour
» des lumieres, devient en même-temps
» le théatre du crime, l'opprobre des na-
» tions & le jouet des barbares. La Chine
» est peuplée de savans, & il n'y a point
» de vice qui ne domine les Chinois, point
» de crime qui ne leur soit familier.

Voilà dans la plus exacte vérité ce que vous avez soutenu dans votre discours & dans vos réponses. Tout se réduit à dire que l'ignorance est l'état naturel de l'hom-me, que les sciences ne peuvent que cor-rompre ses mœurs, & qu'effectivement les peuples ont été dans tous les temps d'au-tant plus vertueux qu'ils étoient moins sa-

F

vans. Je croirai donc ne vous avoir pas mal réfuté, si je démontre que l'homme est né pour la science, & que l'ignorance n'est pas son état naturel; que les sciences par elles-mêmes doivent contribuer à épurer les mœurs, & non à faire évanouir la vertu; & que les peuples les plus savans ont toujours été les plus vertueux.

Faisons d'abord une réflexion qui se présente naturellement, & fournit déjà un grand préjugé en faveur de la cause que je défends. Si tout ce que je viens de rapporter est vrai, il faut que nous condamnions tous les grands hommes qui ont paru sur la terre depuis la naissance des siècles, les savans les plus estimés, les philosophes les plus éclairés, les orateurs les plus éloquens, les génies les plus profonds, les esprits les plus sublimes; tous ces auteurs célébres, tous ces illustres écrivains, qui nous ont enrichis de leurs veilles & de leurs travaux, qui ont consacré leur vie à la recherche des vérités & des connoissances qu'ils ont transmises à la postérité; puisqu'en éclairant nos esprits ils ont corrompu nos cœurs; puisque les lumieres qu'ils ont répandues sur notre horison font évanouir les vertus; puisque les sciences qu'ils ont découvertes & les arts qu'ils ont inventés, produisent aussi infailliblement la dissolution des mœurs, que le cours de la lune produit l'élévation & l'abaissement journalier des eaux de l'océan. Il faut condamner en second lieu les plus grands Princes de l'antiquité, ceux dont les noms mêmes sont révérés parmi nous, & dont la mémoire sera toujours en vénération sur la terre; puisque ces Princes en honorant de leur protection les savans & les sciences, en ouvrant aux lettres des asiles dans leurs États, en n'oubliant rien de tout ce qui pouvoit encourager les talens & hâter le progrès des beaux arts, ont contribué de tout leur pouvoir à nous faire sortir de l'heureux état d'ignorance où la sagesse éternelle nous avoit placés, à nous faire perdre l'innocence & la simplicité des premiers temps. Enfin il faut condamner le monde entier, puisque les hommes de tous les temps & de tous les lieux, les ignorans mêmes, aiment les sciences, estiment & honorent ceux qui les cultivent. Pour s'élever tout seul contre le genre humain, & appeller comme d'abus de son jugement, il faudroit, ce me semble, Monsieur, avoir des raisons bien décisives & bien convaincantes; il faudroit au moins quelque chose de plus qu'un style élevé, un ton affirmatif, des apostrophes & de belles prosopopées.

Comment, en premier lieu, pouvez-vous avancer & soutenir que l'ignorance est l'état naturel de l'homme, & que la science n'est point faite pour lui? Il est né pour réfléchir, comme le soleil est fait pour éclairer la terre. La nature de l'homme, ses facultés, ses desirs, ses passions, ses besoins, tout l'avertit qu'il n'est pas destiné à vivre dans l'état d'ignorance. La main du Créateur semble ne l'y avoir placé que pour lui ménager la gloire d'en sortir de lui-même. Il naît avec un desir d'apprendre qui est insatiable. Plus il sait, plus il veut savoir, plus il a de connoissances, plus il sent qu'il a besoin d'en acquérir de nouvelles. Ce desir ne vient point de l'éducation, il n'est pas l'effet du préjugé, il est naturel à l'homme, il est aussi ancien que le monde ; un coup-d'œil sur les progrès de l'esprit humain, & le développement de ses facultés suffit pour convaincre de cette vérité quiconque voudroit la révoquer en doute.

L'homme n'est pas plutôt sur la terre, qu'il fait des efforts pour sortir de l'ignorance, & dissiper les ténèbres dont sa raison est enveloppée. D'abord il interroge la nature & tâche de la surprendre dans ses opérations. L'air, le feu, l'eau, la lumiere, tout ce qu'il voit, tout ce qu'il rencontre devient aussitôt l'objet de ses méditations & de ses recherches. Chaque siécle produit de grands hommes, qui se succédent sans interruption, éclairent insensiblement l'espéce humaine, & viennent à bout de chasser les ombres qui couvrent la surface de la terre. Bientôt les sciences sont découvertes, les arts sont inventés, simplifiés, perfectionnés; l'homme par son industrie oblige la nature de se plier à ses desirs; il veut tout voir, tout observer, tout connoître; il n'y a ni danger, ni obstacle, ni précipice qui l'arrête. En vain la mer oppose à sa curiosité des gouffres & des abymes, il bravera la fureur des flots; bientôt l'océan sera soumis à son empire. Mais c'est peu pour lui de connoître le globe qu'il habite. Son esprit plus grand que le monde entier ne tardera pas à franchir l'espace immense qui sépare la terre du ciel; il se transportera dans les régions célestes, il fera passer en revue des astres placés à des distances infinies. Il faut qu'il entre dans les conseils de la Divinité même; il faut qu'il découvre les ressorts secrets qui donnent le branle à toutes les parties de ce vaste univers, qu'il connoisse les forces qui meuvent, animent & transportent ces corps lumineux, l'ordre admirable qui régne dans cette machine merveilleuse.

Je demande actuellement, si la nature n'avoit voulu faire de l'homme qu'un animal fort, vigoureux, propre à labourer la terre, je demande si elle lui auroit inspiré le desir d'acquérir toutes ces connoissances, si elle lui en auroit fait sentir le besoin, si elle lui en auroit donné le pouvoir, si elle l'auroit rendu capable de se perfectionner lui-même. Peut-on concevoir qu'en le douant de cette qualité précieuse sans laquelle il resteroit toute la vie inférieur aux animaux les plus stupides, elle lui en ait interdit l'usage? Ne vaudroit-il pas autant dire qu'elle ne lui a pas donné des yeux pour voir, des oreilles pour entendre, des pieds pour marcher, & que son intention a été qu'il ne s'en servît jamais ? Eh ! quelle raison l'homme pourroit-il avoir d'exercer les membres de son corps, plutôt que les talens de son esprit ? Ceux-ci lui sont-ils moins naturels que les premiers ? La faculté de se mouvoir lui est-elle plus essentielle que la faculté de penser ? N'est-il pas absurde de supposer que la perfectibilité qui forme son caractère distinctif, qui l'éléve si fort au-dessus des animaux, qui seule le rend maître de l'univers, ne lui a été donnée qu'à condition qu'il n'en fera aucun usage ?

Non, ce n'est pas en vain que l'homme reçut en partage une faculté que la nature a refusée à tous les animaux. Qu'on me montre parmi eux une espéce qui se soit perfectionnée depuis son origine, & qui soit aujourd'hui plus intelligente qu'elle n'étoit au commencement du monde.

Qu'on me montre un seul individu plus parfait sur la fin de sa vie qu'il n'étoit au bout de quelque mois. C'est à l'homme seul qu'il appartient d'étendre ses facultés, d'agrandir son ame, de développer & de perfectionner sa raison. L'homme seul peut sortir par ses propres efforts du cahos de l'ignorance & se créer, pour ainsi dire, de nouveau : l'homme seul peut par le secours de l'étude & de la réflexion parvenir à connoître, sentir & admirer les merveilles du monde. Quoi ! je puis étudier la nature, la suivre dans ses opérations, en découvrir les beautés ; je puis ouvrir les entrailles de la terre, lui enlever les richesses qu'elle cache dans son sein ; je puis me transporter dans les régions célestes, parcourir la vaste étendue de l'univers, remarquer le rapport, le concert & l'harmonie des différentes parties qui le composent ; je puis m'élever à la connoissance de l'Etre Suprême, admirer sa sagesse, sa bonté, sa puissance sensiblement empreintes sur son ouvrage : je le puis ! & je serois condamné à vivre comme la bête dans l'ignorance & la stupidité ! la nature, en me douant de ces qualités sublimes, m'auroit défendu de les cultiver ! elle m'auroit donné des yeux pour ne les point ouvrir à la lumiere ! Qui pourroit croire de telles extravagances ? Songez-vous, Monsieur, lorsque vous nous tenez ce langage insensé, que vous parlez à des hommes?

Mais quelle est donc la grande preuve sur laquelle vous étayez un paradoxe aussi révoltant? La nature, dites-vous, en attachant tant de peines au développement des facultés de l'esprit humain, a voulu par-là nous préserver de la science. Quoi ! parce que la nature a attaché des douleurs épouvantables à l'acte par lequel une mere met son enfant au monde, son intention n'est pas que le genre humain se conserve & se perpétue ? Parce que la terre, pour être féconde, a besoin d'être arrosée des sueurs du laboureur, l'intention de la nature n'est pas que ses productions servent à la nourriture de l'homme ? Quelles conséquences ne tireroit-on pas d'un principe si extraordinaire ? La nature, il est vrai, semble vouloir dérober à nos yeux la beauté de ses opérations; mais c'est pour nous inviter à lever nous-mêmes le voile dont elles sont enveloppées. Les secrets qu'elle nous cache ne sont que des moyens ingénieux qu'elle emploie pour piquer notre curiosité, & nous porter plus efficacement à l'étude des mystères qui s'offrent à nos yeux.

La science, ajoutez-vous, corrompt les mœurs, anéantit l'amour de nos devoirs, engendre tous les vices & fait évanouir les vertus. Si cela est, il faut, quoique vous en disiez, brûler nos livres & nos bibliothèques, détruire nos universités, nos colleges, nos académies. Alors nous pourrons voir revenir ce temps de simplicité & d'ignorance, *qui fut toujours le temps de la vertu de chaque peuple.* Mais si au contraire les sciences sont propres à élever l'homme vers son Créateur, si elles lui inspirent l'amour de la vertu & de la sagesse ; si elles donnent de la sublimité à ses pensées, de la noblesse à ses sentimens ; ne laissons pas de les cultiver, malgré les abus dont il vous plaît de les rendre comptables.

Il me semble que les sciences sont un des plus puissans contre-poids que nous ayons à opposer à la fougue de nos passions. Nous sommes naturellement portés au mal, une trop funeste expérience me dispense d'apporter ici aucune preuve à ce sujet ; & quand vous dites modestement dans vos ouvrages, que vous avez le bonheur de sentir le contraire ; vous prouvez tout au plus que la regle générale a ses exceptions, & qu'il peut s'opérer des miracles à Geneve comme par-tout ailleurs ; mais vous ne prouvez rien à l'égard des autres hommes qui n'ont pas le bonheur de vous ressembler, & à qui la conscience tient un langage tout différent. Or les sciences sont bien propres à modérer ce penchant violent qui nous entraîne si puissamment vers le mal. Elles ne peuvent éclairer nos esprits sans contribuer naturellement à rendre nos mœurs plus pures. En nous montrant l'excellence de notre être, elles nous avertissent de ne point nous dégrader par des actions honteuses & humiliantes, en nous faisant connoître l'étendue de nos devoirs, elles nous invitent à les remplir avec fidélité; en nous donnant l'idée d'un Dieu infiniment sage & infiniment parfait, elles nous apprennent à l'aimer & à le glorifier. Je ne vois rien en cela qui ne doive élever l'ame & lui faciliter la pratique de la vertu.

Il n'y a peut-être point de moyen plus efficace, pour porter dans tous les cœurs le respect de la Divinité, que l'étude de la nature. L'homme sauvage ne voit rien dans l'univers qui mérite son admiration. La constance & l'uniformité des loix, par lesquelles le monde est gouverné, loin de fixer son attention, contribuent au contraire à lui fermer les yeux. A force de voir les mêmes révolutions & le même ordre de choses, tout lui devient indifférent, & rien n'est plus capable de faire sur lui la moindre impression. Mais le vrai Philosophe ne peut ouvrir les yeux sans rencontrer des merveilles qui l'étonnent : par-tout il voit sur les ouvrages du Créateur l'empreinte d'une sagesse sans bornes.

S'il porte ses regards vers le ciel, il apperçoit des mondes infinis dans leur nombre comme dans leur étendue; des millions de soleils placés à des distances incompréhensibles; des millions de globes circulant autour de ces grands corps de lumiere; son imagination se perd dans l'immensité des cieux, la terre qu'il habite ne lui paroît plus qu'un atome. C'est alors qu'il reconnoît la sagesse, la puissance, la grandeur du maître de l'univers, & qu'il s'anéantit devant lui.

Si du ciel il descend sur la terre, de nouveaux prodiges viennent s'offrir à ses yeux. Cette lumière pure qui éclaire successivement toutes les parties du globe, cet élément subtil & transparent qui l'environne, cette chaleur douce & bienfaisante qui anime toute la nature, ces eaux salutaires qui s'élèvent dans les airs pour arroser & fertiliser nos campagnes, pour faire croître & mûrir nos moissons, ces richesses inépuisables que la terre renferme dans son sein, que nous ne cessons de lui enlever, & qu'elle ne cesse de reproduire, tous ces dons précieux sont pour lui autant de merveilles qu'il ne peut se lasser d'admirer. Pourroit-il les observer, sans bénir la main dont il les reçoit, sans offrir à celui qui en est l'auteur le tribut de son amour & de sa reconnoissance ?

S'il jette un coup-d'œil sur la structure

du corps humain, nouveau spectacle pour lui, nouveau sujet d'étonnement. Il voit une machine singuliere, qui d'elle-même se conserve, se répare, se reproduit, pour ainsi dire, de nouveau à chaque instant; une matiere étrangere, qui devient la propre substance de l'homme, s'insinue par des routes innombrables dans toutes les parties du corps, & les arrose comme les fontaines & les rivieres arrosent les campagnes; des nerfs répandus dans toute la machine, pour transmettre à l'ame l'impression des objets extérieurs, lui donnet une sensation de plaisir ou de douleur, selon que cette impression est favorable ou nuisible à la conservation de son être; des esprits qui s'élancent avec une rapidité inconcevable, viennent lui rendre compte de tout ce qui se passe dans l'étendue de son domaine, & partent aussitôt avec la même vîtesse pour aller porter ses ordres & les faire exécuter. Quel est donc l'ouvrier qui
présida

présida à la structure de cette machine étonnante! Qu'il est grand, qu'il est sage, qu'il est puissant, qu'il est digne de nos hommages! Oui ce spectacle seul suffit pour graver dans tous les cœurs l'amour & le respect que nous devons à l'Etre Suprême.

Mais quoi de plus efficace pour modérer ce penchant violent qui nous sollicite au mal, que l'étude même des sciences & des arts? Non, ce n'est pas dans un temps de travail & d'application que la voix impérieuse des passions se fait entendre. L'homme de lettres doit être peu sensible aux amorces de la volupté. La plus ardente, la plus impétueuse de toutes les passions doit avoir peu d'empire sur son ame. Accoutumée à des délices pures & innocentes, elle ne peut avoir que du mépris & de l'aversion pour les plaisirs grossiers, que le voluptueux trouve dans l'illusion des sens. Excepté sa bibliotheque & son cabinet,

G

tous les biens de l'univers sont pour le littérateur comme s'ils n'étoient pas. L'étude, loin de contribuer à corrompre les mœurs, est donc la plus forte digue que l'on puisse opposer au torrent des passions.

Si les sciences élèvent l'esprit & le cœur, si elles inspirent la vertu & la sagesse, si même le travail nécessaire pour les acquérir oppose au débordement des passions une barriere si puissante, comment l'homme se seroit-il corrompu à mesure que leur lumiere s'élevoit sur son horizon ? Si nous consultons les annales du monde, si nous ouvrons l'histoire des Royaumes & des Empires, nous verrons bientôt que les sciences & les arts ont toujours contribué à rendre les peuples heureux, à épurer les mœurs, à faire triompher la vertu ; nous verrons que les nations savantes & éclairées ont été en même temps sages & vertueuses. Il ne faut pour nous en convaincre qu'examiner les exemples mêmes que vous apportez en preuve de votre paradoxe. On diroit que vous ne les avez choisis qu'afin de rendre plus sensible la fausseté de votre téméraire assertion.

L'Égypte, dites-vous, *d'où Sésostris partit autrefois pour conquérir le monde, devient la mere de la Philosophie & des beaux Arts, & bientôt après la conquête de Cambise.* J'avoue que cette proposition m'étonne, & que je ne comprends pas comment vous avez pu la mettre sous les yeux du lecteur. Qui ne sait en effet que quand Sésostris entreprit la conquête de l'Asie, & qu'il subjugua l'Assyrie, la Médie, la Scythie, la Phénicie, la Syrie & l'Asie mineure, l'Egypte étoit depuis plus de six ou sept cens ans *la mere de la Philosophie & des beaux Arts?* Qui ne sait que les deux Mercures avoient éclairé cette contrée, l'avoient remplie de mille inventions admirables, & ne lui avoient rien laissé ignorer de tout ce qui peut concourir aux agrémens de la vie ? Qui ne sait que la géométrie, le calcul, l'astronomie, l'architecture, étoient chez les Égyptiens de la plus haute antiquité, que les savans & les artistes y ont été de tout temps comblés d'honneur pendant leur vie, & même après leur mort ? la simplicité, la noblesse, la majesté de leurs édifices, la grandeur de leurs palais, la magnificence de leurs temples, la hauteur prodigieuse de leurs colonnes, de leurs statues, de leurs pyramides, tous ces chef-d'œuvres que nous regardons encore aujourd'hui comme les merveilles du monde, dont les restes précieux semblent ne subsister de nos jours que pour confondre l'orgueil de nos artistes, sont des monumens immortels du goût que l'Égypte a eu de tout temps pour les arts, & de l'ardeur avec laquelle elle n'a cessé de les cultiver.

Cependant ce peuple amateur des sciences & des arts, a toujours été regardé comme le plus sage & le plus vertueux de tous les peuples. Toutes les nations du monde ont célébré sa vertu, ont envié son bonheur. C'est en Égypte que les Philosophes & les Législateurs, les Pythagore, les Platon, les Lycurgue, les Solon allerent prendre des leçons de sagesse. C'est-là qu'ils apprirent le grand art de connoître les hommes & de les rendre heureux en les rendant dignes de l'être. Jamais peuple ne fut plus grave, plus sérieux, plus fort, plus nombreux que les Égyptiens; jamais peuple ne connut si bien le secret de faire que les esprits soient solides, les corps robustes, les femmes fécondes & les enfans vigoureux. On ne peut lire sans admiration ce que Hérodote & Diodore de Sicile nous racontent de sa vertu, de sa force, de sa vigueur. Les sciences n'avoient donc pas énervé le courage de cette nation, ni amolli ses mœurs. Elle fut pendant plus de quinze cens ans le temple de la vertu, le séjour de la paix & du repos, aussi bien que des sciences & des beaux arts. Est-il surprenant qu'épuisée par les milices étrangeres dont elle emprunta le secours, affoiblie par l'anarchie qui s'introduisit dans ses provinces, accablée par la multitude de ses ennemis, par les armes redoutables des Rois ambitieux de Babylone, par les victoires de Cyrus elle soit enfin devenue la conquête de Cambise?

Ce que vous dites de l'ancienne Grece n'est pas moins étonnant. ,, Voyez la Grece,
,, jadis peuplée de héros qui vainquirent
,, deux fois l'Asie, l'une devant Troyes,
,, & l'autre dans leurs propres foyers. Les
,, lettres naissantes n'avoient point encore
,, porté la corruption dans les cœurs de
,, ses habitans; mais le progrès des arts, la
,, dissolution des mœurs & le joug du
,, Macédonien se suivirent de près. Et la
,, Grece toujours savante, toujours volup-
,, tueuses & toujours esclave, n'éprouva
,, plus dans ses révolutions que des chan-
,, gemens de maîtres.

Mais la Grece n'avoit elle donc plus de héros lorsqu'Alexandre en fortit à la tête d'une petite armée pour faire la conquête de l'univers ? Les foldats qui vainquirent cette même Afie en moins de temps qu'il n'en auroit fallu à d'autres pour la parcourir, n'étoient-ils donc pas des héros? Si les lettres avoient alors porté la corruption dans les cœurs de tous les Grecs, fi le luxe, les fciences & les arts les avoient énervés, fi la Grece n'étoit plus peuplée que de voluptueux & d'efclaves, expliquez-nous comment ces efclaves & ces voluptueux vinrent à bout de tailler en pieces des armées formidables, de fubjuguer dans un moment des peuples immenfes accoutumés à combattre & à vaincre, d'élever fur les ruines de cent Empires, l'Empire le plus puiffant que l'on eût encore vu fur la terre ?

Mais d'un autre côté fi les fciences & les arts porterent la corruption dans la Grece, pourquoi fut-elle fi long-temps fans être corrompue ? Les lettres ne commencerent-elles à être cultivées dans cette contrée que vers le règne de Philippe ? Étoit-elle dans l'ignorance quand elle vainquit l'Asie pour la seconde fois ? Le Prince de la poésie, le plus grand, le plus beau génie qui ait paru dans le monde, le premier peintre de la nature, l'auteur divin de l'Illiade, vivoit-il donc dans un siècle d'ignorance ? (a) Les lettres étoient-elles négligées dans

―――――――――――

(a) Si l'on disoit que la Grece n'étoit pas lettrée au siécle d'Homere, on avanceroit une absurdité. Ce grand Poëte ne pouvoit pas être le seul homme de lettres de son temps. Pourroit-on raisonnablement supposer que Racine a vécu dans un siécle d'ignorance, & que Phedre & Athalie ont été composées dans le temps que la France étoit plongée dans la barbarie ? Il seroit encore ridicule de dire que la Grece, éclairée & savante au temps d'Homere, étoit ignorante & stupide dans le siécle précédent. Un peuple ignorant ne devient pas tout d'un coup un peuple lettré. Ce

Lettre seconde. 105

le temps qu'Anacréon charmoit les esprits & les cœurs par les graces, l'élégance, la délicatesse de ses poésies; quand Aristophane faisoit retentir le théatre d'Athênes des applaudissemens qu'on donnoit à ses comédies, qu'Eschyle inspiroit la terreur par ses pieces véhémentes & énergiques, que le doux, le tendre Euripide faisoit par ses chef-dœuvres l'admiration de ses compatriotes & des étrangers, que le sublime Sophocle portoit la tragédie grecque au plus haut degré de perfection? La Grece n'étoit-elle pas savante quand Thalés prédisoit les éclipses, déterminoit le rapport

---

n'est qu'à pas lents que l'esprit humain s'avance à la perfection. Il est donc de la derniere évidence que la Grece cultivoit les lettres plusieurs siécles avant celui d'Homere, qui florissoit plus de trois cens ans avant les victoires des Grecs sur les Perses, & plus de six cens ans avant que la Grece tombât sous le joug de la Macédoine.

du diametre du soleil à celui de son orbite ; quand Pythagore répandoit le goût de l'étude & de la sagesse jusque dans les palais des Princes, qu'il formoit des géometres, des astronomes, des philosophes, qu'il reculoit par de nouvelles découvertes les bornes de l'esprit humain, quand Anaximandre fabriquoit des spheres, démontroit l'obliquité de l'écliptique ? (*a*) En un

───────────

(*a*) Ce que l'on vient de dire des lettres dans la note précédente, il faut le dire à plus forte raison des sciences. Quelle seroit aujourd'hui notre astronomie, si nous n'avions pas eu un Newton ? Qu'eut été Newton lui-même, si la route qu'il a suivie ne lui avoit été frayée par Descartes, Galilée, Keppler ? Mais qu'auroient été Descartes, Galilée & Keppler, s'ils n'avoient trouvé dans Copernic le vrai système du monde ? Et Copernic eut-il composé ce système admirable, si les ouvrages des anciens Pythagoriciens ne lui en avoient donné l'idée ? C'est ainsi que les sciences se perfectionnent insensiblement & par degrés. Il faut donc que la mot la Grece n'étoit-elle pas savante & lettrée, quand elle possédoit les Socrate, les Platon, les Alcibiade, les Périclès, les Xénophon ; quand ses généraux aussi profonds philosophes & célebres orateurs que grands capitaines & habiles politiques, étonnoient l'univers autant par l'étendue de leurs lumieres, la multitude & la variété de leurs connoissances, que par la gloire de leurs exploits militaires ?

C'est à tous ces grands hommes que la Grece fut redevable de sa gloire & de sa splendeur. Les sages, les philosophes la soutinrent sur le penchant de sa ruine. Ils graverent profondément dans tous les esprits cette belle maxime qui fait toute la force d'un peuple libre : que l'intérêt par-

---

géométrie & l'astronomie aient été connues & cultivées dans la Grece long-temps avant d'être enrichies des découvertes de Thales & de Pythagore.

ticulier doit toujours être sacrifié au bien général & au salut de la république. Ils empêcherent que la liberté ne dégénérât en licence; ils porterent leurs concitoyens à la pratique des vertus morales, & leur inspirerent l'amour de la patrie. La Grece fut heureuse tant que la raison & la Philosophie purent se faire entendre de ses habitans, tant qu'ils ne mépriserent pas les conseils & les lumieres des sages qui les éclairoient. Si elle perdit enfin sa liberté, ce n'est point sans doute aux sciences & aux arts qu'il faut s'en prendre, c'est à la division qui s'introduisit entre toutes les petites monarchies qui composoient cette république, à la jalousie qui régnoit entre Athenes & Lacédémone, à la politique des Perses qui entretenoient cette jalousie & ces divisions, & sur-tout à la valeur, à l'ambition, à la ruse, aux intrigues de Philippe. Telles sont les causes qui forcerent la Grece à marcher sous les étendards de la Macédoine.

Pour juger de l'influence des lettres sur les mœurs d'une nation, & connoître le bien & le mal qui doivent résulter de leur culture pour la société, il ne faut que comparer ce qu'étoit autrefois la Grece avec ce qu'elle est devenue de nos jours, & examiner si les stupides habitans de cette contrée ont maintenant plus de courage & plus de vertu que n'en avoient les savans & les philosophes, dont jadis elle étoit peuplée. Qu'est-il arrivé depuis que les sciences & & les lumieres y ont fait place à l'ignorance & à la barbarie? Peut-on voir, sans être attendri, l'état déplorable d'un pays autrefois si célebre par les grands hommes qu'il a produits, par les héros en tout genre qui l'ont illustré? Qu'est devenue cette liberté pour laquelle les Grecs savoient si bien répandre leur sang, & qui coûta la vie à tant de braves citoyens? Voyons-nous encore de ces prodiges de valeur & de courage qui portoient jusqu'aux extrémités de l'univers la terreur de leurs armes avec la gloire de leurs exploits? Que sont devenus ces temps d'héroïsme où un petit peuple voyoit sans effroi le monde entier s'armer pour l'écraser; où une province faisoit trembler toute l'Asie, où trois cens soldats se battoient contre trois millions d'hommes ! Il est donc vrai que la Grece, en devenant ignorante & barbare, a vu disparoître sa gloire & sa splendeur, & que sa valeur s'est évanouie à mesure que les lumieres, dont elle étoit le centre, se sont obscurcies.

Il faut convenir, Monsieur, que vous n'êtes pas heureux en exemples, & que vous avez bien mal réussi dans le choix que vous en avez fait. Celui des premiers Romains que vous citez encore en preuve de votre opinion, ne vous est pas plus favorable que celui des Grecs. En vain voudriez-vous nous faire croire que ces hommes grossiers & ignorans, ces voleurs ces brigands qui se réunirent sous la conduite d'un autre brigand, étoient des prodiges de vertu. Vous avouez vous-même ailleurs que le peuple Romain n'étoit sous Tarquin qu'une stupide populace, avilie par l'esclavage, énervée & abrutie sous la tyrannie; & que ce n'est que dans la suite des temps qu'il acquit par degrés cette sérénité de mœurs qui le rendit le plus respectable de tous les peuples (a).

Que voyons-nous dans l'histoire de ces premiers temps de Rome, sinon des crimes de toute espece; des trahisons, des meurtres, des assassinats? L'outrage fait aux filles des Sabins, qu'on enleve le fer à la main, après les avoir invitées à des jeux publics; la cruelle ambition de Romulus, qui fait massacrer son frere pour ne point partager son royaume avec lui; la barbarie des Sé-

―――――――――――――――――

(a) Voyez l'épitre qui est à la tête du discours sur l'inégalité.

nateurs qui le font massacrer à son tour, parce qu'ils commencent à redouter sa puissance; l'inhumanité d'Horace qui ternit par le meurtre de sa sœur toute la gloire de son triomphe ; la mort tragique de Tarquin l'ancien ; l'horrible attentat commis sur Servius; l'infame complot de Tarquin le superbe & de Tullie, qui assassinent, l'un sa femme, & l'autre son mari; l'action à jamais exécrable de cette derniere, qui, pour aller au trône, passe avec son char sur son pere étendu dans la rue & tout couvert de sang; les guerres, les injustices, les violences, les massacres, les horreurs dont est remplie l'histoire de ces premiers temps, font bien voir que ces *pâtres* & ces *laboureurs*, que vous nous donnez pour des modèles accomplis, & dont vous parlez avec tant d'enthousiasme, ne vallent pas mieux que les orateurs & les poëtes qui leur ont succédé, & que Rome n'a pas attendu au temps des *Ovide* & des *Catule*, à devenir le

théatre

théatre du crime & l'opprobre des nations.

Ce n'est pas que les commencemens de cet Empire ne nous offrent encore quelques vertus; mais ce sont des vertus farouches & sauvages, qui sont plutôt les vertus d'un frénétique que celles d'un sage. C'est une Lucrèce qui s'enfonce un poignard dans le cœur, pour venger l'outrage qu'on lui a fait. C'est un Brutus qui, sur un simple soupçon, fait égorger ses enfans sous ses yeux. C'est un Scévola qui veut seul poignarder le Roi ennemi dans son camp, & met dans un brasier ardent la main qui a manqué son coup. C'est un Manlius qui condamne à mort son fils, pour avoir servi efficacement la patrie contre la défense qui en avoit été faite. On voit dans ces premiers Romains une passion démesurée pour l'indépendance, une aversion extrême pour toute espece de domination, un amour de la patrie, plutôt furieux qu'héroïque, un fanatisme pour la gloire, qui produit des

H

actions plus révoltantes que dignes d'admiration.

Il faudroit des volumes pour relever tous vos mensonges & toutes vos injustices. Il est difficile de concevoir ce qui a pu vous animer si fort contre les sciences, vous les poursuivez chez les peuples anciens & modernes. Une nation est-elle ignorante & barbare ? vous vous extasiez sur ses vertus. Est-elle savante & lettrée ? elle devient par cela seul abominable. Vous ne pardonnez pas à la Chine d'avoir cultivé les arts depuis trois ou quatre mille ans ; vous déclamez contr'elle & vous la calomniez, sans vous embarrasser si vos calomnies & vos déclamations ont la moindre vraisemblance. En vain les historiens, les voyageurs, les missionnaires s'accordent à nous faire des Chinois l'éloge le plus pompeux ; en vain ils nous assurent qu'à la Chine la culture des lettres ne nuit point à celle des terres, puisque l'agriculture y est en honneur plus que dans tout autre pays, & que l'Empereur lui-même ne dédaigne pas de descendre du trône pour labourer la terre, accompagné des Princes & des Grands de la Cour; en vain on nous dit que les sciences n'ont point porté dans cet Empire la dissolution des mœurs, puisque les Chinois ont toujours été & sont encore aujourd'hui bons, vertueux, chastes, doux, pacifiques, sobres, laborieux; cela ne vous empêche pas de soutenir hardiment qu'*il n'y a point de vice qui ne les domine, point de crime qui ne leur soit familier*. Et parce que ce peuple, si doux, si tranquille, qui n'aime que la paix & le repos, n'est pas un peuple guerrier, parce qu'il n'a pu résister à ce déluge de Tartares qui, à la faveur d'une division survenue dans ce pays, l'inondèrent de toute part & le subjuguèrent entièrement; vous ne manquez pas d'attribuer cette révolution aux sciences & aux arts, quoique les arts mêmes aient opposé aux incursions de

H 2

ces barbares un rempart unique dans l'histoire du monde.

Non, Monsieur, les sciences n'ont jamais influé sur la décadence des Empires, ni sur la corruption des mœurs. Si elles ne sont pas assez puissantes pour résister efficacement à la fougue des passions, du moins elles nous facilitent toujours les moyens de les réprimer. On ne peut pas dire la même chose de l'ignorance; elle n'a jamais fait de bien, elle a toujours fait beaucoup de mal. C'est dans les siecles les plus ténébreux & chez les nations les plus barbares, que l'on a vû régner les passions les plus honteuses, les vices les plus abominables, des excès & des horreurs que nous avons peine à croire aujourd'hui. Plus les hommes ont été grossiers & ignorans, plus ils ont été vicieux & corrompus. Il n'est pas nécessaire d'aller chercher des preuves de cette vérité dans des pays éloignés, ni dans des temps reculés; sans sortir de nos contrées, sans remonter bien avant dans l'antiquité, nous en voyons des preuves victorieuses. Que l'on examine, par exemple, ces siecles barbares, où nos ancêtres étoient tombés dans l'ignorance la plus profonde ; qu'on les compare avec ceux qui les ont précédés ou suivis, il ne sera pas difficile de juger lesquels ont été les plus heureux. Les temps où la multitude des criminels forçoit le glaive de la justice à laisser impunis les crimes les plus atroces, sont précisément ceux où les personnes constituées en dignité & à la tête des affaires, ne savoient ni lire ni écrire. Que de larmes n'ont pas coûté à l'Eglise ces siecles d'ignorance & de barbarie ! Quel coup n'ont-ils pas porté à la morale & à la discipline ! Quelle plaie n'ont-ils pas faite à l'ancienne pureté du christianisme ! Jamais la débauche n'a été au point où nous la voyons aux neuvieme & dixieme siecles ; jamais les sacrileges, les adulteres, les incestes n'ont été si fréquens.

Les vices les plus honteux ne passoient plus pour des vices, ils étoient même décorés du nom de vertu. La corruption devint si grande, si générale, qu'elle s'étendit à tous les états, à toutes les conditions. Elle pénétra jusque dans le sanctuaire; les Ministres mêmes des Autels suivirent le torrent, & se plongerent comme les autres dans toutes les horreurs du libertinage. A peine restoit-il dans l'Eglise quelque trace de cette grande pureté, de ces vertus héroïques, dont elle n'avoit cessé, depuis sa naissance, de donner au monde le spectacle.

Telles furent les suites funestes de la chûte des lettres & de la décadence des études. Voilà à quoi s'est terminée cette ignorante simplicité que vous nous vantez éternellement. C'est ainsi qu'elle a contribué à épurer nos mœurs. Non encore une fois l'ignorance n'a jamais été bonne à rien. Et toutes vos déclamations contre les sciences ne tendent qu'à établir un paradoxe dé-

Lettre seconde. 119

menti par notre expérience, aussi bien que par celle de tous les temps & de tous les peuples.

Je suis, &c.

LETTRE TROISIEME.

Exposition du discours sur l'inégalité.

DANS le discours que nous venons d'examiner, MONSIEUR, vous laissez entrevoir quels sont vos principes sur la nature de l'homme, sur sa constitution originaire, ses facultés & sa destination. Nous y voyons « que l'homme n'est pas né pour réfléchir, « que la science n'est point faite pour lui, « que l'ignorance est son état naturel. Mais vous n'aviez point donné à ces vérités sublimes tout le développement dont elles sont susceptibles. C'est dans votre discours sur l'origine & les fondemens de l'inégalité parmi les hommes, que vous les mettez dans tout leur jour. Nous avons déjà vu dans la lettre précédente, & j'espere que nous verrons encore mieux dans la suivante ce qu'il faut penser de toutes ces belles maximes. Je me contenterai dans celle-ci de les exposer. Je tacherai de le faire avec tant de fidélité & d'exactitude, d'une maniere si claire & si évidente, que vous ne serez pas tenté de me mettre au nombre de ces *adversaires qui vous attaquent sans vous entendre, avec une étourderie qui vous donne de l'humeur, & un orgueil qui vous en inspire.*

Vous commencez par montrer l'importance de la question que vous vous proposez d'examiner, & sur-tout la difficulté de la bien résoudre. Vous pensez que de toutes les connoissances humaines, la moins avancée est celle de l'homme même; qu'il est comme impossible aujourd'hui de savoir ce qu'il étoit en sortant des mains de la nature; que les plus grands philosophes ne pourroient diriger, & que les plus puissans Souverains ne pourroient faire les expériences nécessaires pour parvenir à connoître son état primitif. L'ame humaine vous paroît être altérée par la succession des temps, au point de n'être plus reconnoissable. *Elle ne nous offre plus que le difforme contraste de la passion qui croit raisonner & de l'entendement en délire.*

Tous les philosophes anciens & modernes qui ont traité cette matiere avant vous, se sont trompés d'une maniere qui vous étonne, & même vous scandalise. Ils semblent avoir pris à tâche de se contredire sur les principes les plus fondamentaux. Ils n'ont pas la moindre idée ni de la nature, ni de la loi naturelle ; ils transportent dans l'état originel les idées qu'ils ont prises dans la société ; ils parlent de l'homme sauvage & ils peignent l'homme civil. Pour vous, ce n'est qu'après avoir long-temps étudié l'homme, *non dans les livres qui sont menteurs, mais dans la nature qui ne ment jamais,* que vous avez mis au jour vos observations. Ainsi il n'est pas douteux que ces observations ne doivent répandre de grandes lumieres sur une question *si difficile à bien résoudre*.

Votre discours contient deux parties : dans la premiere vous considérez l'homme dans l'état de nature ; dans la seconde vous examinez les causes qui l'ont fait sortir de sa condition primitive, & l'ont amené au point où nous le voyons aujourd'hui. L'ouvrage entier peut se réduire à ces deux principes : l'homme sauvage est entiérement semblable à la bête ; l'état naturel de l'homme, celui dans lequel il auroit dû rester toujours, est celui du sauvage. Il n'y a rien ni dans le discours, ni dans les notes qui l'accompagnent, qui ne tende à prouver l'une ou l'autre de ces deux propositions.

La premiere partie présente d'abord un problême, dont la solution vous paroît être d'une difficulté étonnante. Vous n'osez l'entreprendre ; *vous ne pourriez former sur la matiere dont il s'agit que des conjectures vagues & presque imaginaires*. L'anatomie a fait encore trop peu de progrès, les observations des naturalistes sont encore trop incertaines, pour qu'on puisse établir sur de pareils fondemens la réponse à une question aussi intéressante. De quoi s'agit-il donc? De savoir si l'homme doit naturellement marcher à deux pieds, ou bien s'il n'étoit pas originairement *quadrupede*, & s'il ne marchoit pas sur ses mains comme sur ses pieds, si ses regards n'étoient pas tournés vers la terre & bornés à un horison de quelques pas. Cette grande question est traitée à part dans une note particuliere ; vous examinez, vous approfondissez les raisons pour & contre, vous pesez les objections & les réponses ; & tout bien considéré, vous jugez par provision que nous pouvons marcher à deux pieds, en attendant que l'anatomie perfectionnée fasse de nouvelles découvertes, & répande sur cette importante matiere des lumieres plus abondantes.

Vous considérez ensuite l'homme tel qu'il

dût sortir des mains de la nature : *Je vois,
dites-vous, un animal moins fort que les
uns, moins agile que les autres, mais à tout
prendre organisé le plus avantageusement de
tous. Je le vois se rassasiant sous un chêne,
se désaltérant au premier ruisseau, trouvant
son lit au pied du même arbre qui lui a
fourni son repas, & voilà ses besoins satisfaits.* L'homme sortant des mains de la nature n'avoit donc besoin, ainsi que la bête,
que de boire, manger & dormir. Vous
voyez, Monsieur, que je vous entends très-
bien.

Voici encore une nouvelle découverte :
nous formons aujourd'hui & nous instrui-
sons jusqu'à un certain point quelques animaux. Dans l'état de nature c'étoient les
animaux qui formoient les hommes. Ce
n'est qu'en s'élevant au-dessus de lui-même
que l'homme est enfin parvenu à imiter la
bête. *Les hommes dispersés parmi les animaux, observent, imitent leur industrie, &*

s'élevent ainsi jusqu'à l'instinct des bêtes. Avec cet avantage que chaque espece n'a que le sien propre, & que l'homme n'en ayant peut-être aucun qui lui appartienne, se les approprie tous. Ainsi avant que le singe pensât à imiter l'homme, l'homme fut lui-même le singe de tous les animaux.

Pourquoi l'homme seul est-il sujet à devenir imbécille, n'est-ce point qu'il retourne ainsi dans son état primitif; & que tandis que la bête reste toujours avec son instinct, l'homme réperdant par la vieillesse ou d'autres accidens ce que sa perfectibilité lui avoit fait acquérir, retombe ainsi plus bas que la bête même. Voilà encore deux vérités dont nous ne nous doutions pas. L'homme devenant imbécille retourne dans l'état primitif, & en retournant dans l'état primitif, il retombe plus bas que la bête même.

Pour montrer la supériorité prétendue des nations barbares sur les peuples civilisés, vous relevez avec soin la force & la vigueur du sauvage, son agilité, son adresse, sa légereté. Il est vrai, dites-vous, que *toutes les connoissances qui demandent de la réflexion, semblent être hors de sa portée, son savoir & son industrie se bornent à sauter, courir, se battre, lancer une pierre, escalader un arbre*; mais il ne faut pas croire pour cela que nous ayons sur lui le moindre avantage, car *s'il ne sait que ces choses, en revanche il les sait beaucoup mieux que nous.* Le voilà donc parfaitement dédommagé.

Vous aimez à vous représenter l'homme errant dans les forêts, vivant parmi les ours, les loups & les autres bêtes féroces, vous le supposez lui-même *tout aussi féroce qu'elles*. Vous comparez sa femme avec leurs femelles, ses enfans avec leurs petits; vous combinez le courage & la foiblesse, les qualités & les défauts, les avantages & les désavantages des uns & des autres. Vous ne voyez jamais l'homme dans l'homme, vous ne savez y appercevoir que l'animal; vous

vous le repréſentez ſans ceſſe attaquant ou ſe défendant, ſubjuguant ſa proie, ou évitant de devenir celle d'un autre animal; vous avez toujours devant les yeux ſes beſoins phyſiques & ſes facultés corporelles. Pour ce qui eſt des talens de ſon eſprit & de ſes facultés intellectuelles, vous n'en parlez pas, ou ſi vous en parlez, ce n'eſt que pour nous avertir que ces facultés & ces talens ne lui ſont point naturels, qu'il ne doit pas en faire uſage. Vous ôſez même aſſurer que *l'état de réflexion eſt un état contre nature, & que l'homme qui médite eſt un animal dépravé.*

Tout animal, ſelon vous, a des idées, il combine même ſes idées juſqu'à un certain point, & l'homme ne differe à cet égard de la bête que du plus au moins. (*a*) Il y

―――――――――――――――

(*a*) En parlant de la différence qui eſt entre l'homme & la bête, M. Rouſſeau avance une propoſition téméraire, qui peut être très-dangereuſe

a

a même plus de différence de tel homme à tel homme, que de tel homme à telle béte.

---

dans ses conséquences. *La physique*, dit-il, *explique en quelque maniere le méchanisme des sens & la formation des idées.* C'est-à-dire, qu'un être matériel est en quelque maniere capable de sentiment, qu'il peut avoir des idées & des sensations. D'où il suit que la spiritualité de l'ame n'est démontrée à la rigueur que par son activité. Mais on sait avec quel acharnement cette activité est attaquée de nos jours : on sait combien Bayle a employé de sophismes, pour détruire les preuves que nous tirons à ce sujet du sentiment que nous avons des actes de notre volonté ; on sait que des philosophes de ce siecle ont prétendu que toutes les affections de notre ame sont de pures sensations, à l'égard desquelles elle est un sujet passif. Si donc on avoue au matérialiste que la matiere est capable de sentir, quelle conséquence ne tirera-t-il pas de cet aveu ? Il verra d'un côté que l'activité seule de l'ame peut en prouver la spiritualité ; il verra d'autre part que rien n'est moins certain que cette activité, il lui sera aisé de tirer la conséquence.

Il est aussi impossible de voir dans la matiere

I

Egaremens de la Philosophie.

Cette différence de l'homme à la bête est à votre avis imperceptible, il n'est pas don-

un être sensitif, que d'y voir un être pensant & actif. Ce qui fait qu'elle ne peut agir & vouloir, c'est que le principe de l'action & de la volonté est nécessairement un, simple, indivisible. Or cette propriété est également essentielle à l'être qui est le sujet de nos sensations. C'est le même être qui voit, qui entend, qui sent la douleur & la joie, qui reçoit, distingue & compare ces différentes sensations. Si les organes étoient les sujets immédiats de ces impressions, l'œil verroit, l'oreille entendroit, une main sentiroit la chaleur & l'autre le froid. Mais aucun de ces membres ne pourroit sentir & comparer toutes ces impressions. Aucun ne pourroit dire : c'est moi qui vois, qui entends, qui sens le froid & le chaud, qui éprouve différentes sensations agréables & désagréables. Parce qu'alors ces sensations ne feroient point toutes dans le même être numérique ; chaque partie pourroit bien sentir l'impression dont elle seroit le sujet ; mais elle ne pourroit avoir le sentiment des impressions reçues dans d'autres parties.

Quand on diroit que les sensations ne sont point

né à tout le monde de la saisir. Il faut avoir de grands talens & des connoissances profon-

dans les sens extérieurs, mais dans cette partie du cerveau où se réunissent les nerfs répandus dans les parties organiques du corps humain, on n'en seroit pas plus avancé, & au fond on ne feroit que reculer la difficulté. En effet ces nerfs ne sont pas un seul & même être; ils sont aussi réellement distingués l'un de l'autre, que Pierre est distingué de Paul; ainsi l'un pourroit voir & l'autre entendre; mais aucun d'eux ne pourroit voir & entendre tout à la fois. La physique n'explique donc pas le méchanisme des sens.

Elle n'explique pas non plus la formation des idées. Prenez de la matiere, mettez-la en mouvement, agitez-la, retournez-la, façonnez la, comprimez-la, vous n'aurez jamais que de la matiere; vous n'y trouverez pas les idées de l'ordre, de la beauté, de la sagesse, de l'équité, de la justice. Dirons-nous avec la Métrie que nos idées sont des images matérielles peintes dans la rétine de l'œil? Cette illusion grossiere & extravagante seroit démentie par la seule expérience. Un homme qui ferme les yeux ne laisse pas d'avoir des idées; cedes; pour pouvoir affirmer de tel animal que c'est un homme, & de tel autre que c'est

---

pendant nulle image n'est repréſentée dans la rétine de ſon œil. Un bœuf mort n'a point d'idées, & les objets ſe peignent dans le fond de ſon œil, comme dans celui d'un homme vivant. Les idées de l'ame ſont donc différentes des images peintes dans les yeux. La phyſique n'expliquera donc jamais ni le méchaniſme des ſens, ni la formation des idées.

C'eſt ce que M. Rouſſeau lui-même a démontré dans la profeſſion de foi du Vicaire Savoyard. ,, La ,, Philoſophie moderne, dit-il, a découvert que ,, les hommes ne penſent point; elle ne reconnoît ,, plus que des êtres ſenſitifs dans la nature. Mais ,, s'il eſt vrai que toute matiere ſente, où concé- ,, vrai-je l'unité ſenſitive, ou le moi individuel? ,, Les parties ſenſibles ſont étendues, mais l'être ,, ſenſitif eſt indiviſible & un. Il ne ſe partage pas, ,, il eſt tout entier ou nul; l'être ſenſitif n'eſt donc ,, pas un corps....... Je ne ſais comment l'enten- ,, dent nos matérialiſtes; mais il me ſemble que ,, les difficultés qui leur ont fait rejetter la penſée, ,, leur devroient faire auſſi rejetter le ſentiment;

une bête. Vous vous fâchez contre nos voyageurs de ce qu'ils ont été assez téméraires pour oser prononcer sur une matiere aussi épineuse & aussi délicate. *Ce seroit,* dites-vous, *une grande simplicité de s'en rapporter là dessus à des voyageurs grossiers, sur lesquels on seroit quelquefois tenté de faire la même question qu'ils se mêlent de résoudre sur d'autres animaux..... On n'ouvre pas un livre de voyages où l'on ne trouve des descriptions de caracteres & de mœurs. Mais on est étonné d'y voir que ces gens qui ont*

„ je ne vois pas pourquoi, ayant fait le premier
„ pas, ils ne feroient pas aussi l'autre, & puis-
„ qu'ils sont sûrs qu'ils ne pensent pas, comment
„ osent-ils affirmer qu'ils sentent ?

Si nous ne savions pas combien l'auteur est peu d'accord avec lui-même, nous aurions peine à comprendre comment il cherche dans un endroit à répandre des doutes sur des vérités qui ailleurs lui paroissent, & qui sont en effet si claires & si évidentes.

tant décrit de choses, n'ont dit que ce que chacun savoit déjà; n'ont su appercevoir à l'autre bout du monde, que ce qu'il n'eut tenu qu'à eux de remarquer sans sortir de leur rue. Il n'est pas difficile de voir pourquoi ces voyageurs vous déplaisent. S'ils avoient trouvé dans les Indes des animaux semblables aux hommes de notre continent, ou des hommes semblables à nos animaux, ou bien des animaux qui fussent hommes & bêtes tout ensemble ; vous auriez une meilleure opinion de leur mérite & de leur capacité. Mais malheureusement pour eux, les animaux qu'ils ont apperçus ne ressemblent qu'à des animaux & non pas à des hommes ; & les hommes dont ils nous donnent la description, ne ressemblent qu'à des hommes & non à des animaux ; voilà ce qui vous donne une si mauvaise idée de leurs talens ; voilà ce qui vous déplaît en eux, ce que vous ne pouvez leur pardonner,

Nous ne voyons pas que les animaux se prêtent dans leurs besoins un secours mutuel ; aussi ne comprenez-vous pas non plus ce qui pourroit engager les hommes dans l'état de nature à tendre aux malheureux une main bienfaisante. *Il est impossible d'imaginer pourquoi dans cet état primitif, un homme auroit plutôt besoin d'un autre homme, qu'un singe, ou un loup de son semblable, ni ce besoin supposé, quel motif pourroit engager l'autre à y pourvoir, ni même en ce dernier cas comment ils pourroient convenir entr'eux des conditions.* Effectivement la chose n'est pas concevable. Un homme tombe malade, reçoit une blessure, se casse une jambe, est près d'être assassiné, ou d'être dévoré par une bête féroce ; le moyen d'imaginer que cet homme ait besoin du secours de son semblable ? D'un autre côté quel motif pourroit engager celui-ci à avoir pitié de ce malheureux ? Mais ce n'est point là encore la plus grande difficulté, l'embarras est de déterminer les conditions auxquelles l'un empêchera que l'autre ne périsse misérablement.

Mais comment accordez-vous ce passage avec ce que vous dites deux pages plus loin, que *la pitié est naturelle à l'homme ; qu'il a une répugnance innée à voir souffrir son semblable : que ce sentiment est beaucoup plus vif dans l'homme sauvage que dans l'homme civil, que le premier s'y livre toujours étourdiment & avant toute réflexion ; que les bêtes elles-mêmes donnent quelquefois des signes de pitié ; qu'un animal ne passe point sans inquiétude auprès d'un animal mort de son espece ; qu'il y en a même qui leur donnent une espece de sépulture ?* Ce sentiment si naturel à l'homme, si vif dans le sauvage, & que l'on remarque même dans les animaux, n'est-il donc pas suffisant pour *engager un homme à pourvoir au besoin d'un autre homme ?*

Vous faites passer en revue toutes les

qualités qui nous distinguent de la bête, & vous vous consumez en efforts pour montrer que ces qualités ne nous sont point naturelles. Vous commencez par la faculté de parler ; vous prétendez que les hommes n'auroient pas dû en faire usage ; que l'intention de la nature n'étoit pas qu'ils parlassent ; que la parole doit son origine à quelques accidens qui pouvoient très-bien ne jamais arriver. Pour le prouver, vous supposez les hommes *épars dans les bois parmi les animaux, sans domicile fixe, n'ayant aucun besoin l'un de l'autre, se rencontrant à peine une fois dans leur vie, sans se connoître & sans se parler, se logeant au hazard & pour une seule nuit.* Vous supposez *les peres, les meres & les enfans sans aucun commerce domestique, sans union, & même sans aucun intérêt qui puisse les réunir.*

Cette supposition, la plus chimérique peut-être & la plus extravagante qui soit jamais tombée dans la tête d'un homme, donne lieu à des recherches, à des spéculations, à des conjectures, qui ne sont ni moins chimériques ni moins extravagantes. Votre imagination se perd dans l'espace immense qu'elle met gratuitement entre l'état de nature & le besoin des langues. Vous ne concevez pas les difficultés innombrables, le temps infini, les milliers de siecles qu'a dû coûter l'invention du langage. Comment les langues purent-elles devenir nécessaires ? Comment, en les supposant même nécessaires, purent-elles commencer à s'établir ? Comment put-on trouver les premiers mots ? Comment put-on venir à bout de les généraliser ? Comment put-on s'en servir pour exprimer ses pensées ? Comment put-on apprendre à penser sans savoir parler, ou à parler sans savoir penser ? Comment la société put-elle se former sans l'institution des langues ? Et comment d'un autre côté les langues purent-elles être inven-

Lettre troisieme. 139

tées sans la société ? &c. &c. &c. Que de difficultés ! que de problêmes ! que de mysteres plus incompréhensibles les uns que les autres ! Tout cela vous effraye, vous déconcerte. Dans l'impossibilité où vous êtes de l'expliquer, vous en laissez la discussion à quiconque voudra l'entreprendre.

Mais, Monsieur, tous ces phantomes, dont vous voulez nous faire peur, ne peuvent effrayer que l'imagination qui les a enfantés. Ces mysteres incompréhensibles ne sont tels, que dans votre supposition chimérique, & ne servent qu'à en démontrer l'absurdité. Tous les peuples, même les plus stupides & les plus sauvages, ont trouvé le moyen d'exprimer leurs pensées par des paroles ; vos difficultés sont donc purement imaginaires.

„ Les desirs de l'homme sauvage ne pas-
„ sent pas ses besoins physiques ; les seuls
„ biens qu'il connoisse dans l'univers sont
„ la nourriture, une femelle & le repos....

» Les mâles & les femelles s'unissent fortui-
» tement, selon la rencontre, l'occasion &
» le desir; ils se quittent avec la même fa-
» cilité. L'appétit satisfait, l'homme n'a
» plus besoin de telle femme, ni la femme
» de tel homme. Celui-ci n'a pas le moin-
» dre souci, ni peut-être la moindre idée
» des suites de son action. L'un s'en va
» d'un côté, l'autre de l'autre, & il n'y a
» pas d'apparence qu'ils aient la mémoire
» de s'être jamais connus......... Une autre
» femme peut donc contenter les nouveaux
» desirs de l'homme aussi commodément
» que celle qu'il a déjà connue; & un au-
» tre homme contenter de même la même
» femme, supposé qu'elle soit pressée du
» même appétit pendant l'état de gros-
» sesse..... Il n'y a donc dans l'homme au-
» cune raison de rechercher la même fem-
» me, ni dans la même femme aucune rai-
» son de rechercher le même homme........
» Si telle femme devient indifférente à tel

„ homme, si même elle lui devient incon-
„ nue, pourquoi la secourra-t-il après l'ac-
„ couchement ? Pourquoi lui aidera-t-il à
„ élever un enfant qu'il ne sait pas seule-
„ ment lui appartenir, & dont il n'a ni ré-
„ solu ni prévu la naissance ?

Otez, Monsieur, de ce passage les noms d'*homme* & de *femme*, ils y sont déplacés. Permettez-moi de leur en substituer d'autres qui conviendront mieux, ce me semble, vous verrez que tout ira bien, & cet endroit de votre discours ne contiendra rien que de vrai : *Les désirs du taureau ne passent pas ses besoins physiques. Les seuls biens qu'il connoisse dans l'univers sont la nourriture, une femelle & le repos. Les taureaux & les vaches s'unissent fortuitement selon la rencontre, l'occasion & le désir ; ils se quittent avec la même facilité. L'appétit satisfait, le taureau n'a plus besoin de telle vache, ni.........* Je n'ai pas le courage d'aller plus loin. La plume me tombe de la main, les cheveux me dreſſent à la tête, quand je penſe que c'eſt de l'homme que ces horreurs ont été dites.

Ce n'eſt pas ſans une extrême répugnance que je mets ſous les yeux du lecteur des tableaux ſi hideux & ſi révoltans. Mais puis-je omettre la maniere indigne dont vous dègradez la nature humaine, en introduiſant parmi les hommes une confuſion brutale qui ne peut convenir qu'aux plus vils animaux?

Je ne rapporterai point ces deſcriptions indécentes, qui allarment la pudeur de tous ceux qui vous liſent, & allument l'indignation dans leur ame; ces combats d'hommes ſe diſputant leurs amours au prix de leur ſang, comparés à ceux des animaux qui font retentir nos forêts de leurs cris, ou enſanglantent nos baſſes-cours; ces temps de chaleur & d'excluſion, pendant leſquels la femme & la femelle ſouffrent ou refuſent l'approche du mâle; une infinité d'autres images également obscenes & dégoutantes, inutiles pour le moins & déplacées dans votre ouvrage, si ce n'est que vous les jugiez nècessaires pour orner & embellir un discours académique.

Si quelque chose pouvoit nous étonner, après ce que nous venons d'entendre, ce seroit sur-tout la maniere dont vous parlez des devoirs réciproques des peres & des enfans. Nous avons déjà vu que *le pere n'est pas obligé de secourir la mere après l'accouchement, ni de lui aider à élever l'enfant*, qu'il ne doit pas même avoir *le moindre souci des suites de son action*. Lock avoit dit dans son gouvernement civil que la société entre l'homme & la femme doit durer beaucoup plus long-temps que celle du mâle & de la femelle parmi les autres créatures; que cette union permanente est nécessaire pour la conservation des enfans, qui ne sont de long-temps capables de pourvoir eux-mêmes à leurs besoins. Ces assertions vous paroissent fort étranges; vous employez cinq ou six grandes pages à les réfuter; vous prouvez fort au long que la mere n'a pas besoin du secours du pere pour élever ses enfans; & même que ceux-ci ne tardent pas à chercher leur pâture & à se passer de la mere elle-même. Vous êtes surpris que raisonnant sur l'état de nature Lock n'ait pas fait la même hypothese que vous, & n'ait pas supposé les hommes errans dans les forêts sans parole, sans domicile, sans liaison, sans aucun besoin de leurs semblables, sans en reconnoître un seul individuellement. Vous en concluez avec un air de triomphe que son raisonnement tombe en ruine; que toute sa dialectique ne l'a pas garanti d'une faute commise par tous les philosophes qui ont traité avant lui de l'état naturel de l'homme. C'est-à-dire, que vous leur faites à tous un crime de n'avoir pas donné comme vous dans l'extravangance.

La mere allaitoit d'abord ses enfans pour

son

Lettre troisieme.

son propre besoin, puis l'habitude les lui ayant rendus chers, elle les nourrissoit ensuite pour le leur..... L'enfant même n'étoit plus rien à sa mere sitôt qu'il pouvoit se passer d'elle..... Par la loi de nature le pere n'est le maître de l'enfant qu'aussi long-temps que son secours lui est nécessaire ; au-delà de ce terme ils deviennent égaux, & alors le fils, parfaitement indépendant du pere, ne lui doit que du respect; car la reconnoissance n'est pas un droit que l'on puisse exiger.

Je ne sais, mais il me semble qu'ici vous n'êtes point conséquent. Vous deviez dire, si je ne me trompe, que comme l'*enfant n'est rien à la mere sitôt qu'il peut se passer d'elle*, de même il n'est jamais rien au pere, puisqu'il *peut toujours se passer de lui*, & que d'ailleurs *le pere n'est pas obligé d'aider la mere à l'élever*. Vous avez tort aussi d'accorder que l'enfant doit du respect à son pere ; puisque celui-ci, en lui donnant la vie, n'a ni résolu ni prévu sa naissance, &

K

que l'appétit satisfait, il n'a pas le moindre souci ni la moindre idée des suites de son action.

Quoiqu'il en soit, nous voilà détrompés d'une grande erreur. Nous avons cru jusqu'à ce moment que la nature avoit donné aux peres & meres sur leurs enfans des droits sacrés & inviolables, que le temps ne peut anéantir ; & nous voyons que les enfans ne sont rien à leurs parens sitôt qu'ils peuvent se passer d'eux ; que dès ce moment ils deviennent parfaitement égaux & indépendans les uns des autres ; que le pere n'est pas même en droit d'exiger du fils de la reconnoissance. Les sages de l'antiquité se trompoient aussi bien grossierement, quand ils disoient que les nœuds qui unissent les enfans à leur pere ne peuvent jamais se rompre sans un crime horrible ; *sine detestabili scelere.*

Il y a dans l'homme une qualité spécifique qui l'éleve au-dessus des autres créatures, & le rend en quelque sorte semblable à la Divinité même; c'est la raison. Ce don céleste vous déplait infiniment. Si nous vous en croyons, il fait de l'homme une bête féroce. *C'est la raison qui engendre l'amour propre ; c'est par elle qu'il dit en secret, à l'aspect d'un homme souffrant, péris si tu veux, je suis en sûreté.* C'est par elle que l'homme voit sans s'émouvoir *égorger son semblable sous sa fenêtre.* C'est elle qui l'empêche d'écouter la nature & de voler au secours de celui qu'on *assassine. C'est faute de sagesse & de raison que l'homme sauvage se livre étourdiment au premier sentiment d'humanité.* Ainsi l'homme est cruel & barbare parce qu'il participe à la suprême intelligence; plus il est raisonnable & sage, plus il est dur & impitoyable; la raison, la sagesse détruisent la pitié, l'humanité. Mais comment dites-vous, dans la même page, que *la nature nous a donné la pitié à l'appui de la raison?* Comment la pitié peut-elle seconder la raison, si la raison détruit la pitié ?

Dans les émeutes, dans les querelles des rues, la populace s'assemble, l'homme prudent s'éloigne. C'est la canaille, ce sont les femmes des halles qui séparent les combattans, & empêchent les honnêtes gens de s'entr'égorger. Vous voudriez donc que l'administration de la police fut confiée aux poissardes, aux harengeres, aux femmes des halles, à la canaille. Si le Conseil de Geneve ou le Parlement de Paris, desquels vous croyez avoir tant à vous plaindre, avoient été composés de ces nouveaux Magistrats, il y a grande apparence que depuis long-temps vous ne seriez plus ni vous ni vos livres. Ce ne sont point les honnêtes gens qui se querellent dans les rues & qui font les émeutes, c'est la populace, c'est la canaille; ce sont les femmes des halles que l'ont voit s'entr'égorger dans les places publiques, souvent pour une pomme ou un chou. Si l'homme prudent s'éloigne, c'est lorsque sa présence devient inutile; si la canaille s'assemble, ce n'est pas pour séparer les combattans, c'est plutôt pour les animer au combat, & mettre le feu où il n'est pas encore.

Convenez, Monsieur, que jusqu'à présent vous n'avez point à me reprocher la faute de *ces étourdis qui vous ont attaqué sans vous entendre*; qu'il n'y a rien dans tout ce que je viens de dire qui doive ni *vous donner de l'humeur*, ni *vous inspirer de l'orgueil*. Je vous entends, ce me semble, très-bien, lorsque vous dites que dans l'état de nature les hommes vivoient isolés, épars dans les bois parmi les bêtes féroces, qu'ils n'avoient besoin que de boire, manger & dormir; qu'ils ne connoissoient d'autre bien que la nourriture, la femelle & le repos; que les hommes & les femmes s'unissoient au hazard, selon la rencontre, l'occasion & le desir, sans avoir la moindre idée des suites de leur action; que les enfans qui naissoient de cette union fortuite, n'étoient plus rien à leurs pere & mere sitôt qu'ils pouvoient se passer d'eux ; que dans cet état l'homme n'avoit aucun commerce, aucune union avec ses semblables, qu'il ne parloit pas, ne réfléchissoit pas & ne faisoit aucun usage de sa raison; en un mot qu'il n'y avoit aucune différence de lui à la bête, ou plutôt qu'il étoit lui-même entièrement bête. Tout cela n'est pas difficile à entendre. Il y a encore dans votre lettre à M. de Beaumont un passage qui est très-clair, *dans cet état l'homme ne connoît que lui; il ne voit son bien-être ni opposé ni conforme à celui de personne ; il ne hait, il n'aime rien, borné au seul instinct physique, il est nul, il est bête ; c'est ce que j'ai fait voir dans mon discours sur l'inégalité.*

Mais dans votre discours sur l'inégalité vous allez encore plus loin, & vous prétendez que cet état dans lequel l'homme est nul & bête, est l'état auquel le créateur l'avoit destiné, l'état où il auroit dû vivre éternellement, & d'où il n'est sorti que contre l'intention de la nature, & pour son propre malheur.

„ On voit, dites-vous, d'abord, au peu
„ de soins qu'a pris la nature de rappro-
„ cher les hommes par des besoins mutuels,
„ combien elle a peu préparé leur socia-
„ bilité, combien elle a peu mis du sien
„ dans tout ce qu'ils ont fait pour en éta-
„ blir les liens.

„ La perfectibilité, ajoutez-vous, les
, vertus sociales, & les autres facultés que
„ l'homme naturel avoit reçues en puissan-
„ ce, ne pouvoient jamais se développer
„ d'elles-même; elles avoient besoin pour
„ cela du concours fortuit de plusieurs cau-
„ ses étrangeres, qui pouvoient ne jamais
„ naître, & sans lesquelles il fut demeuré
„ éternellement dans sa condition primi-
„ tive. Ce sont différens hazards qui ont

„ perfectionné la raison humaine en déte-
„ riorant l'espece, ont rendu un être mé-
„ chant en le rendant sociable, & d'un
„ terme si éloigné ont amené enfin l'hom-
„ me & le monde au point où nous le
„ voyons.

„ Cette faculté est la source de tous les
„ malheurs de l'homme ; c'est elle qui le
„ tire à force de temps de sa condition
„ originaire, dans laquelle il couleroit des
„ jours tranquilles & innocens. C'est elle
„ qui faisant éclore avec les siécles ses lu-
„ mieres & ses erreurs, ses vices & ses ver-
„ tus, le rend à la longue le tyran de lui-
„ même & de la nature.

Vous consacrez une grande partie de votre discours à nous faire regretter ce qu'il vous plaît d'appeller notre état primitif, & à nous inspirer de l'horreur pour l'état civil ; vous faites le plus bel éloge du premier, & vous ne trouvez pas de couleurs assez noires pour peindre le second. La santé du corps, la paix de l'ame, le calme des passions, l'innocence, la vertu, sont à vous entendre l'appanage de l'homme sauvage; tandis que les chagrins, les maladies, les crimes, les horreurs, les abominations de toute espece, sont les seuls biens que nous pouvons attendre de la société.

1°. Dans l'état de nature les passions sont beaucoup moins vives que dans la société. Les sauvages ne connoissent ni la vanité, ni la considération, ni l'estime, ni le mépris; ils ne songent pas même à la vengeance. L'amour, la plus terrible de toutes les passions, fait peu de ravage parmi eux. L'homme sauvage écoute uniquement le tempérament qu'il reçut de la nature, attend son impulsion & s'y livre sans choix. Borné au seul physique de l'amour, il ignore ces préférences qui en irritent le sentiment. Le besoin satisfait, tout le desir est éteint. C'est la société seule qui donne à cette passion, ainsi qu'à toutes les autres, cette ardeur impétueuse qui la rend si souvent funeste aux hommes. C'est la société qui produit dans les amans la jalousie, les vengeances, les meurtres & pis encore. C'est-elle qui fait les adulteres, qui étend la débauche & multiplie les avortemens.

2°. La nature nous a fait payer cher le mépris que nous avons fait de notre état primitif en le quittant. Elle traite tous les animaux abandonnés à ses soins avec une prédilection qui fait bien voir que nous n'aurions pas dû sortir de notre condition originaire. Les animaux ont une constitution plus robuste, plus de vigueur, de force & de courage dans les forêts que dans nos maisons. *Il en est ainsi de l'homme même, en devenant esclave il devient foible, craintif, rempant, & sa maniere de vivre molle & efféminée acheve d'énerver à la fois sa force & son courage.*

3°. Le plaisir que les sauvages prennent à vivre seuls au milieu des bois, l'extrême répugnance qu'ils ont pour nos mœurs & notre maniere de vivre, la difficulté que l'on trouve à les policer & à les amener dans nos villes, sont encore, selon vous, une raison qui doit nous engager à donner à l'état primitif la préférence sur la société actuelle. En vain on vous oppose le plaisir, le repos & la tranquillité que l'homme civil trouve dans la société, la répugnance invincible qu'il auroit à vivre seul au milieu des bois parmi les lions & les ours; la difficulté insurmontable que l'on trouveroit à lui faire quitter la compagnie des hommes, & à lui donner du goût pour celle des bêtes féroces; tout cela ne prouve rien, dites-vous, en faveur de la société. Et quoique, selon vous-même, *l'estimation du bonheur soit l'affaire du sentiment;* quoique le sauvage soit heureux par cela seul qu'il se croit heureux; vous ne voulez pas néanmoins que l'homme civil soit heureux, malgré qu'il sente qu'il est heureux.

„ Quand je vois les peuples, jouissant
„ de la liberté, sacrifier les plaisirs, le re-
„ pos, la richesse, la puissance, la vie mê-
„ me, à la conservation de ce seul bien si
„ dédaigné de ceux qui l'ont perdu. Quand
„ je vois des animaux nés libres & abhor-
„ rant la captivité, se briser la tête contre
„ les barreaux de leur prison; quand je vois
„ des multitudes de sauvages tout nuds
„ mépriser les voluptés européennes &
„ braver la faim, le feu, le fer & la mort,
„ pour ne conserver que leur indépendan-
„ ce, je sens que ce n'est pas à des esclaves
„ qu'il appartient de raisonner de liberté.

Et moi, Monsieur, quand je vois les peuples civilisés sacrifier tout aux charmes de la société, si dédaignés de ceux qui ne les ont jamais goûtés; quand je vois des animaux domestiques faire de leur captivité l'objet de leurs plus tendres délices, chérir le maître qui les tient en servitude, & mourir quelquefois de douleur de l'avoir perdu; quand je vois des milliers de nations abhorrer la nudité dégoutante du sauvage, mépriser sa liberté farouche, aimer mieux renoncer à la vie que de renoncer au commerce des hommes, pour aller vivre dans les forêts, je sens que ce n'est pas à des sauvages qu'il appartient de juger des délices de la société.

4°. La société humaine *porte nécessairement les hommes à s'entre-hair, à se rendre mutuellement des services apparens, & à se faire en effet tous les maux imaginables. Elle les force à se caresser & à se détruire les uns les autres. Elle est cause qu'ils naissent ennemis par devoir, & fourbes par intérêt.* Il n'y a peut-être pas un homme aisé à qui des héritiers avides, & souvent ses propres enfans, ne souhaitent la mort en secret, pas une maison qu'un débiteur ne voulut voir brûler avec tous les papiers qu'elle contient, pas un peuple qui ne se réjouisse du désastre de ses voisins.

Vous avez, Monsieur, une opinion singuliere du monde entier, je ne sais si l'affreux portrait que vous faites du genre humain fait honneur à vos sentimens. Il me semble qu'une belle ame, une ame bien née, ne suppose pas aisément de la perversité & de la scélératesse dans le reste des hommes. Le genre humain ne seroit-il donc composé que de monstres prets à se déchirer les uns les autres ? N'y auroit-il plus sur la terre que des enfans dénaturés & barbares attendant avec impatience le dernier soupir d'un pere pour dévorer son bien ? N'en trouveroit-on pas aussi qui sont disposés à sacrifier leur fortune pour lui sauver la vie ?

5°. Pour achever de démontrer combien l'homme est à plaindre d'être sorti de sa condition originaire, vous faites un dénombrement qui ne finit point des miseres humaines, & vous les mettez toutes sur le compte de la société. Les passions, la débauche, les crimes, les assassinats, les empoisonnemens, les vols de grand chemin, tous les désordres d'une nature corrompue; tout ce qui peut altérer la santé, empêcher la naissance des hommes, nuire à la population, les incendies, les naufrages, les tremblemens de terre, tous les malheurs de la vie, travaux, chagrins, peines d'esprit, infirmités, langueurs, maladies inséparables de l'humanité; tout cela étoit inconnu dans l'état de nature, tout cela est ignoré du sauvage; tout cela est l'ouvrage de la société. Vous avez, ce me semble, encore oublié une chose; vous deviez ajouter que l'homme n'est sujet à la mort que depuis qu'il est en société.

Quoi donc, faut-il détruire les sociétés, anéantir le tien & le mien, & retourner vivre dans les forêts avec les ours?

Sans doute; la société ne sert qu'à rendre les hommes méchans, quoiqu'ils soient naturellement bons, elle les porte nécessairement à s'entre-haïr, à se faire tous les maux imaginables, à se détruire mutuellement; elle donne naissance à tous nos vices, produit tous nos malheurs, cause toutes nos maladies. Le sauvage dans les bois, toujours en paix, toujours heureux & toujours innocent, ne connoît pas même les noms des vices qui nous dominent, ni ceux des maux qui nous affligent; que pouvons-nous donc faire de mieux, que de détruire les sociétés, & de retourner vivre dans les forêts avec les ours ?

Conséquence à la maniere de mes adversaires, que j'aime autant prévenir que de leur laisser la honte de la tirer. Conséquence nécessaire, que vos adversaires tireront toujours avec raison, à la honte de celui qui en a posé le principe.

Mais vous, Monsieur, qui prenez ici un ton fier & dédaigneux, dites-nous, je vous prie, quelle autre conséquence vous voulez que nous tirions de tout ce que nous venons d'entendre. S'il faut que nous restions comme nous sommes, à quoi tendent toutes vos déclamations ? Quel but vous proposez-vous dans votre discours ? Est-ce de nous rendre plus malheureux que nous ne sommes, en nous faisant sentir plus vivement notre malheur ? Si vous n'avez point de remedes à apporter à nos maux, pourquoi les exagérer à nos yeux ? Que ne tachez-vous plutôt de les adoucir ? Que ne nous laissez-vous du moins l'ignorance dans laquelle nous sommes à leur égard ? S'il étoit une connoissance funeste aux hommes, comme vous prétendez qu'elles le sont toutes, ce ne pourroit être que celle que vous voulez ici nous procurer.

Vous faites à l'égard de la société ce que vous avez fait au sujet des sciences ; après avoir employé toute la pompe oratoire, après avoir épuisé toutes les figures de la rhétorique, pour nous prouver que les sciences sont nuisibles aux mœurs ; après avoir déclamé contr'elles, & dans votre discours,

& dans vos notes, & dans vos répliques, & jusque dans vos préfaces, vous concluez de toutes vos invectives qu'il faut toujours cultiver, comme nous faisons, les sciences, & qu'il faut bien se donner de garde de changer à ce sujet la moindre chose dans nos institutions. Ici, après avoir mis sur le compte de la société tous les crimes, tous les excès, tous les désordres, tous les malheurs qui affligent ou déshonorent l'humanité, vous voulez que nous demeurions toujours en société. Il ne falloit pas, ce me semble, vous mettre en si grands frais, écrire tant de choses, déployer tant d'éloquence, pour tirer ces conséquences. Voilà pourtant à quoi se réduisent tous vos ouvrages; tel est l'avantage qui en résulte pour le bonheur de l'espece humaine.

La vaine sécurité que vous affectez dans cet endroit, ne nous empêche pas de voir combien vous êtes réellement embarrassé pour vous tirer de ce pas. Vous sentez aussi bien que personne combien la conséquence de vos adversaires est évidente. D'un autre côté il seroit pourtant honteux de l'accorder ; il faudroit pour cela ne garder plus de mesures, & consentir à passer désormais pour le plus bisarre de tous les hommes. Que faire dans cette situation douloureuse ? Chercher quelque subterfuge ; recourir à ces distinctions collégiales que vous méprisez pourtant souverainement ; mêler à des choses ridicules des choses inintelligibles, & donner à tout cela un air de noblesse & d'élévation. C'est le seul parti qui vous restoit, c'est celui que vous avez pris.

„ O vous à qui la voix céleste ne s'est
„ point fait entendre, & qui ne connoissez
„ pour votre espece d'autre destination que
„ d'achever en paix cette courte vie ; vous
„ qui pouvez laisser au milieu des villes vos
„ funestes acquisitions, vos esprits inquiets,
„ vos cœurs corrompus & vos desirs effré-

« nés; reprenez, puisqu'il dépend de vous,
« votre antique & premiere innocence;
« allez dans les bois perdre la vue & la
« mémoire des crimes de vos contempo-
« rains; & ne craignez pas d'avilir votre
« espece en renonçant à ses lumieres pour
« renoncer à ses vices. Quant aux hommes
« semblables à moi...... qui furent honorés
« dans leur premier pere de leçons surna-
« turelles; ceux qui verront dans l'inten-
« tion de donner d'abord aux actions hu-
« maines une moralité qu'elles n'eussent
« de long-temps acquise, la raison d'un
« précepte indifférent par lui-même &
« inexplicable dans tout autre système;
« ceux en un mot qui sont convaincus
« que la voix divine appella tout le genre
« humain au bonheur des célestes intelli-
« gences; tous ceux-là respecteront les sa-
« crés liens des sociétés dont ils sont les
« membres........ mais ils n'en mépriseront
« pas moins une constitution de laquelle

» naissent toujours plus de calamités réel-
» les que d'avantages apparens.

Qu'en pensez-vous, Monsieur, cette réponse est-elle à votre avis bien satisfaisante? Croyez-vous de bonne foi que la religion puisse nous défendre de renoncer aux vices du genre humain, de perdre la vue & la mémoire des crimes de nos contemporains, de reprendre notre antique & premiere innocence, de laisser au milieu des villes nos cœurs corrompus & nos desirs effrénés? Pensez-vous que le moyen de parvenir au bonheur des célestes intelligences, soit de conserver une constitution qui engendre tous les vices & annéantit toutes les vertus; une constitution dans laquelle *nous naissons ennemis par devoir & fourbes par intérêt, qui nous porte nécessairement à nous entre-haïr, à nous rendre des services apparens, & à nous faire en effet tous les maux imaginables, qui nous force à nous caresser & à nous détruire mutuellement?*

Reconnoissez-vous là le chemin du Ciel? Les liens d'une telle société peuvent-ils être des liens sacrés? Dieu peut-il en être l'auteur? D'un autre côté, si c'est Dieu qui en est l'auteur, comment pouvons-nous mépriser cette société? Comment produit-elle *toujours plus de calamités réelles que d'avantages apparens ?* Je crois, Monsieur, que vous auriez encore mieux fait d'avouer la conséquence.

Je ne vous suivrai point dans les recherches vaines & chimériques qu'il vous plaît de faire pour trouver l'origine & les fondemens des différentes sortes d'inégalités introduites parmi nous. Il me suffit d'avoir mis au jour vos véritables principes sur la constitution naturelle de l'homme, & d'avoir démontré de la maniere la plus évidente, que selon ces principes l'homme étoit né pour être bête; qu'il étoit bête dans son état primitif, & que la nature l'avoit destiné à vivre éternellement dans cet état,

Il me reste à faire là dessus quelques observations qui seront la matiere d'une autre lettre.

Je suis, &c.

LETTRE QUATRIEME.

Observations sur le même Discours.

Vos jugemens, MONSIEUR, ne sont point équitables. En disant des sauvages tout le bien que vous connoissez, & même plus que vous n'en connoissez, vous gardez sur le mal que vous pourriez en dire un profond silence. D'un autre côté vous recherchez avec une attention scrupuleuse les défauts des hommes civilisés; vous les exagérez, vous les étendez, vous les multipliez; pour ce qui est de leurs bonnes qualités, (car enfin ils doivent encore en avoir,) vous n'en dites mot. Est-il étonnant que d'après des portraits si peu fideles & si peu ressemblans, les premiers nous paroissent des prodiges de vertu, & les autres des monstres? Que peut-on conclure de tout cela, sinon que la passion & l'humeur ont présidé à votre ouvrage & dirigé votre pinceau ? On voit, à la maniere dont vous parlez, de la méchanceté & de la corruption des hommes sociables, que vous seriez très-fâché qu'ils fussent moins méchans & moins corrompus qu'ils ne sont.

Si vous aviez plus d'équité & moins de prévention; en nous peignant avec des couleurs si noires la société civile, vous nous auriez présenté en même temps un tableau frappant des excès & des horreurs qui regnent parmi les sauvages. Ce tableau eût été peut-être plus fidele que le premier, & très-surement il n'eût pas été moins affreux. Nous aurions vu par là si c'est la société qui a corrompu les hommes; ou bien si les hommes ont été corrompus avant la formation des sociétés. Tachons donc de réparer ici la faute que vous avez commise; examinons de bonne foi & sans préjugé les mœurs des sauvages que nous connoissons. Cet examen suffira pour décider la question que nous discutons en ce moment. Nous pourrons après cela juger sans crainte de nous tromper, si l'homme est né pour la société; ou bien s'il est destiné par la nature à vivre dans ce que vous nommez son état primitif, c'est-à-dire, à errer dans les bois sans penser, sans parler, sans avoir plus de commerce avec ses semblables qu'avec les bêtes féroces.

En effet si, comme vous le prétendez, *l'homme est naturellement bon, si rien n'est si doux que lui dans son état primitif, si ce sont les changemens arrivés dans sa constitution, les progrès qu'il a faits, les connoissances qu'il a acquises, qui l'ont dépravé au point où nous le voyons;* s'il est incontestable que *l'amour & toutes les autres passions n'ont acquis que dans la société cette ardeur impétueuse qui les rend si souvent funestes aux hommes;* en un mot si nos besoins, nos miseres, nos maladies, nos vices, nos désordres, nos malheurs, sont l'ouvrage de la société; il est clair que les peuples qui se sont le moins écarté de l'état primitif, qui ont fait moins de progrès & acquis moins de connoissances que nous, dont la constitution a souffert moins de changemens que la nôtre, & dont la société est moins avancée; il est clair, dis-je, que ces peuples doivent être plus forts & plus vigoureux que les Européens, qu'ils doivent avoir des mœurs plus pures, des passions moins vives, plus de vertus & moins de vices. Si leur état tient le milieu entre l'état de nature & l'état civil, leurs mœurs doivent également tenir le milieu entre l'innocence primitive & la corruption des sociétés. Ce principe est de la derniere évidence; vous en convenez, & même vous prétendez que *le genre humain étoit fait pour rester toujours dans l'état où l'on a trouvé les sauvages; que cet état est la véritable jeunesse du monde, qu'il est moins* sujet aux révolutions, le meilleur à l'homme ; que tous les progrès ultérieurs, que nous avons faits ont été autant de pas vers la décrépitude de l'espece. Il ne s'agit donc plus que de jetter un coup-d'œil sur les différentes nations sauvages que nous connoissons, afin de pouvoir comparer leurs mœurs avec celles des peuples de l'Europe.

Quand vous dites que tous les sauvages sont plus forts & plus robustes que nous, qu'ils sont sujets à moins de maladies, qu'ils se portent mieux & vivent plus long-temps ; vous ne faites pas sans doute attention que la plûpart des sauvages, comme les Hottentots & les Negres de Guinée, ne vivent guere au-delà de quarante ans, & qu'un vieillard de cinquante ans seroit un prodige parmi eux. Vous ne faites pas attention qu'avant l'arrivée des Européens dans le nouveau monde, ce continent étoit désolé par le mal vénérien, le scorbut, le catare & plusieurs autres maladies cruelles ; que les Américains étoient des hommes destitués de forces, énervés & viciés dans leur constitution physique; que le plus vigoureux d'entr'eux l'étoit beaucoup moins que le plus foible Européen. Vous ne faites pas attention que la plûpart de nos maladies, celles qui sont le plus funestes à l'espece, nous viennent des nations sauvages; que la peste ne naît jamais dans la partie du monde la plus civilisée? que la petite vérole nous est venue des sauvages de l'Arabie; que ce mal honteux, digne fruit du libertinage, qui attaque tout à la fois les principes de la génération & les sources de la vie, est passé d'Amérique en Europe. Si vous aviez songé à tout cela, sans doute vous n'auriez pas attribué toutes nos maladies à la société.

Vous manquez aussi de mémoire, lorsque vous dites que tous les sauvages sont paisibles dans leurs passions. Vous oubliez que les passions des Negres sont fougueuses

& excessives; qu'ils vendent leurs parens, leurs femmes, leurs enfans, qu'ils se vendent quelquefois eux-mêmes pour un verre de liqueur. Vous oubliez qu'ils sont les plus vindicatifs de tous les hommes, comme on peut le voir par l'action atroce & perfide de ces Negres de Congo, qui, au rapport de M. de la Brosse témoin occulaire, empoisonnerent cinq capitaines & trois chirurgiens, pour quelques goutes d'eau de vie qu'on avoit refusé de leur donner. Vous oubliez que les combats sont éternels entre les Hurons & les Iroquois; que depuis plusieurs siecles ils ne cessent de se battre, de se tuer & de se manger les uns les autres, sans que le temps ait jamais pu ni diminuer leur animosité ni satisfaire leur vengeance. Vous oubliez qu'aussitôt après l'arrivée des Européens dans le nouveau monde, les Américaines conçurent pour eux une passion furieuse, qu'elles aimerent à l'excès les bourreaux de leurs peres, de leurs meres, de leurs enfans & de leurs époux ; que tous les peuples de ce continent étoient livrés à des goûts brutaux & dépravés qui outragent la nature. Vous oubliez ces moyens honteux de s'assurer de la fidélité des femmes, ces anneaux, ces serrures, ces clefs, effets abominables de la plus horrible & de la plus extravagante jalousie, que nous voyons répandus dans plusieurs contrées de l'Afrique. Vous oubliez que les Negres du Cap-verd s'égorgent entr'eux à coups de couteau, sur le moindre soupçon d'intrigue avec leurs femmes, & que par une conséquence bisarre ils livrent aux étrangers leurs femmes & leurs filles pour des épingles ; que ceux de Guinée s'abandonnent dès leur plus tendre jeunesse à toutes les horreurs de la débauche, qu'ils périssent presque tous de leurs excès à la fleur de l'âge ; que les enfans se livrent en présence de leurs peres & meres à toutes sortes d'infamies ; que ces abominations sont générales, qu'à peine y peut-on trouver une fille qui en soit préservée, qui même se souvienne du temps où elle a commencé à s'y livrer.

Vous oubliez que dans l'île de Madagascar, hommes, femmes & enfans, tout est abandonné à la corruption ; que les filles les plus débauchées, loin d'être déshonorées, sont au contraire celles qui trouvent le plutôt à se marier ; que dans l'Arabie le rapt, le larcin, le brigandage, la superstition, le fanatisme & tous les vices sont en honneur ; que dans la Mingrelie le vol, le mensonge, l'assassinat, le concubinage, l'adultere, l'inceste, passent pour des actions vertueuses ; qu'il n'y a point de fourberie, point de méchanceté, point de perfidie que les femmes ne mettent en usage, soit pour se procurer des amans, soit pour s'en défaire & les perdre.

Ce n'est point la société qui a donné naissance aux idées absurdes & extravagantes

tes que plusieurs nations sauvages se sont formées de la virginité. Est-ce nous qui leur avons appris qu'un homme ne peut, sans se déshonorer, épouser une vierge, qu'il doit par toutes sortes de moyens engager quelqu'un à vouloir bien accepter les prémices de celle qui lui est destinée ? Est-ce nous qui avons mis dans la tête des habitans de Cochin & de Calicut, des Canariens de Goa, qu'il faut de gré ou de force prostituer leurs filles aux prêtres des idoles ? Sont-ce les Européens qui ont établi dans l'île de Formose la coutume horrible dans laquelle sont toutes les femmes de ne mettre jamais un enfant au monde avant l'âge de trente-cinq ans, quoiqu'elles soient mariées long-temps auparavant; d'étouffer leur fruit dans leur sein, de se faire avorter avec des douleurs terribles, crainte de laisser venir au monde un enfant avant l'âge prescrit; d'en faire quelquefois périr de la sorte quinze ou seize avant d'oser accoucher pour la premiere fois ?

M

Sont-ce les Européens qui ont appris aux Hottentots la coutume infame & cruelle qu'ils ont de mutiler leurs enfans de la maniere la plus indigne & la plus barbare, de les abandonner ensuite dans un état où ils sont plus morts que vifs, de les laisser périr ou revenir à la vie, sans qu'il soit permis de leur donner du secours ? Sont-ce les Européens qui ont dit à Montézuma qu'il falloit égorger tous les ans des milliers d'enfans pour baigner dans leur sang les idoles du Méxique ? Est-ce dans nos sociétés que les Scythes, les Arabes, les Gaulois, les Bretons, les Germains, & toutes les nations anciennes & sauvages puiserent la coutume barbare qui leur étoit commune d'immoler des victimes humaines ?

Si rien n'est si doux que l'homme dans l'état de nature, pourquoi donc les hommes, qui à peine sont sortis de ce prétendu état de nature, se trouvent-ils si cruels ? Pourquoi dans les hordes de sauvages une mere n'accouche-t-elle jamais de deux jumeaux sans étouffer l'un d'entr'eux aussitôt après sa naissance ? Pourquoi dans plusieurs parties du nouveau continent enterre-t-on avec la mere morte les enfans tout vivans ? D'où vient que des peuples si doux, si humains ne se chargent pas des orphelins, aulieu de les détruire le jour même que la mere expire ? D'où vient que plusieurs sauvages de l'Amérique laissent mourir de faim les vieillards, que d'autres tuent leurs peres, que d'autres mangent leurs enfans, que presque tous font essuyer aux prisonniers pendant des semaines entieres des tourmens dont la seule image fait frémir la nature ; qu'ils les percent de mille coups, leur déchirent les entrailles, les découpent par morceaux, les rôtissent & les mangent ? Expliquez-nous encore, s'il vous plaît, comment la coutume barbare de se nourrir de chair humaine est établie chez des peuples innombrables de l'Afrique & de l'Amérique ? comment leurs boucheries sont garnies continuellement, non-seulement de la chair de leurs ennemis & de leurs esclaves, mais de celle même de leurs parens & de leurs amis ?

Que seroit-ce si je pouvois ici faire une énumération exacte des horreurs & des abominations qui se commettent parmi les nations sauvages, comme vous faites un détail exagéré de tous les désordres qui regnent dans la société ! que seroit-ce si nous pouvions connoître toute la corruption de ces peuples barbares aussi parfaitement que nous connoissons les mœurs des peuples civilisés ; si nous savions ce qui se passe chez eux, comme nous savons ce qui arrive dans nos provinces ! Sans doute, ce tableau si révoltant seroit encore infiniment plus chargé. Voilà donc, Monsieur, ces hommes si tranquilles & si paisibles dans leurs passions, dont vous nous vantez sans cesse la douceur, la modération, l'humanité, la candeur, que vous nous donnez pour des prodiges de vertu ! voilà ces peuples sortis à peine de l'état primitif, qui touchent encore à leur condition originaire, qui portent encore l'empreinte de leur premiere & antique innocence ! voilà ces mœurs pures que vous voulez nous faire regretter, & que vous ne pouvez vous lasser d'admirer ! voilà enfin cet heureux état où le genre humain étoit fait pour demeurer éternellement, d'où il n'est sorti que pour son malheur ; cet état dont vous parlez toujours avec respect & enthousiasme, tandis que vous n'avez pour toutes les sociétés européennes que des invectives, des injures, des calomnies, des outrages ! Que voulez-vous donc que l'on pense d'un tel procédé, & à quoi devons-nous attribuer une conduite aussi injuste & aussi déraisonnable ? Est-ce ignorance de votre part ? est-ce mauvaise foi ? est-ce envie d'humilier vos compatriotes ? est-ce haine & animosité contre tous les hommes en général? est-ce le concours de ces causes réunies qui a produit cet acharnement avec lequel vous ne cessez de déchirer impitoyablement tous les peuples au milieu desquels vous vivez?

Avant d'examiner en détail les principes sur lesquels vous appuyez l'hypothèse chimérique & ridicule de votre prétendu état de nature; il ne sera peut-être pas inutile de faire voir que vous les contredisez formellement dans mille endroits de vos ouvrages. Ces contradictions mettront de plus en plus à découvert la bisarrerie de votre conduite; elles montreront que vous écrivez seulement pour écrire, & non pour vous rendre utile; que vous dites tout & que vous ne croyez rien; que vous vous jouez de vos lecteurs, & que vous n'avez aucun respect ni pour la vérité, ni pour le public. Après cela le ton de fermeté que vous prenez si souvent & avec tant d'affectation, n'en imposera plus à personne;

on saura désormais à quoi s'en tenir.

Tout le discours que nous examinons, tend à démontrer que le genre humain étoit destiné par la nature à demeurer éternellement dans l'état primitif. Cependant dans ce même discours vous prétendez que le genre humain étoit fait pour rester toujours dans l'état où l'on a trouvé les sauvages, lequel, selon vous, est bien différent de l'état primitif. *Plus on y réfléchit, dites-vous, plus on trouve que cet état étoit le moins sujet aux révolutions, le meilleur à l'homme, & qu'il n'en a dû sortir que par quelque funeste hazard, qui, pour l'utilité commune, eut dû ne jamais arriver. L'exemple des sauvages, qu'on a presque tous trouvés à ce point, semble confirmer que le genre humain étoit fait pour y rester toujours ; que cet état est la véritable jeunesse du monde, & que tous les progrès ultérieurs que nous avons faits, ont été en apparence autant de pas vers la perfection de l'indivi-*

du, & en effet vers la décrépitude de l'espece.

Une chose singuliere encore, c'est que dans la page précédente vous avouez que *les sauvages sont sanguinaires & cruels ; que leurs vengeances sont terribles ; voilà précisément,* ajoutez-vous, *le degré où étoient parvenus la plûpart des sauvages qui nous sont connus ; & c'est faute d'avoir suffisamment distingué les idées & remarqué combien ces peuples étoient déjà loin de l'état de nature, que plusieurs se sont hâtés de conclure que l'homme est naturellement cruel, tandis que rien n'est si doux que lui dans son état primitif.* Cela revient à ce que vous dites (Émile, tom. I. p. 293. Amsterdam 1764.) que *tous les sauvages sont cruels, qu'ils vont à la guerre comme à la chasse, & traitent les hommes comme les ours.* Mais si les sauvages qui nous sont connus, sont sanguinaires & cruels ; si leurs vengeances sont terribles, s'ils tuent les hommes avec autant de facilité qu'ils tuent les ours à la chasse, comment l'état des sauvages peut-il être le meilleur à l'homme, la véritable jeunesse du monde? Comment le genre humain étoit-il fait pour y rester toujours? comment la cause qui l'en a fait sortir peut-elle être un funeste hazard?

Je voudrois bien savoir aussi comment vous accordez les deux passages suivans: *C'est une chose incontestable que l'amour n'a acquis que dans la société cette ardeur impétueuse qui le rend si souvent funeste aux hommes. Les Caraïbes, celui de tous les peuples qui jusqu'ici s'est écarté le moins de l'état de nature, sont précisément les plus paisibles dans leurs amours, & les moins sujets à la jalousie...... On ne peut pas conclure des combats de certains animaux que la même chose arriveroit à l'homme dans l'état de nature, les combats des coqs ne forment point une induction pour l'espece humaine.*

La jalousie (dans l'amour) *paroît tenir de si près à la nature, qu'on a bien de la peine à croire qu'elle n'en vienne pas. L'exemple des animaux, dont plusieurs sont jaloux jusqu'à la fureur, semble établir le sentiment opposé sans réplique. Est-ce l'opinion des hommes qui apprend aux coqs à se mettre en piece, & aux taureaux à se battre jusqu'à la mort?* Émile, tom. IV. pag. 180.

Votre plan d'éducation semble être fait à dessein de contre-dire expressément ce que vous soutenez dans le discours sur l'inégalité. Les contradictions se présentent en foule à quiconque lit l'un & l'autre avec la plus légere attention. Dans votre discours ce sont des causes étrangeres, ce sont différens hazards qui ont rendu l'homme sociable, & qui en le rendant sociable l'ont rendu méchant.

Dans Émile, t. III. p. 74. *On ne peut douter que l'homme ne soit sociable par sa* nature, ou du moins fait pour le devenir.

Dans votre discours, *les facultés qui nous distinguent de la bête, sont la source de tous les malheurs de l'homme, ce sont elles qui nous empêchent de couler des jours tranquilles & innocens.*

Dans Émile, t. III. p. 52, ce sont ces facultés qui font que *nous sommes libres, bons & heureux comme Dieu même, c'est l'abus seul que nous en faisons qui nous rend malheureux & méchans.*

Dans votre discours, le mariage n'est point une institution de la nature. Quoiqu'il puisse être avantageux à l'espece humaine que l'union de l'homme & de la femme soit permanente, il ne s'ensuit pas que cela ait été établi ainsi par la nature, autrement il faudroit dire qu'elle a aussi établi tout ce qu'on prétend être utile aux hommes.

Dans Émile, t. III. p. 5 & 160, *le mariage est la premiere & la plus sainte institution de la nature..... la plus douce de tou-*

tes les sociétés, le plus saint, le plus inviolable de tous les contrats, un nœud sacré respectable à tous les hommes.

Dans votre discours, le devoir d'une éternelle fidélité ne sert qu'à faire des adulteres ; les loix de la continence & de l'honneur étendent nécessairement la débauche.

Dans Émile, t. III. p. 160, *les devoirs de fidélité & de pudeur qui environnent le mariage, redoublent son charme en remplissant son objet.*

Dans votre discours, l'homme n'a aucune raison de demeurer attaché à la même femme ; une femme peut également contenter ses nouveaux desirs ; il n'est pas obligé d'aider la mere à élever son enfant, ses secours ne lui sont pas même nécessaires. Il est à croire que les forces & les organes des enfans se développent plus tard parmi nous, qu'ils ne faisoient dans l'état primitif, qu'ils étoient bien plutôt en état de marcher, d'agir & de pourvoir par eux-mêmes à leurs besoins.

Lettre quatrieme.

Dans Émile, t. IV. p. 182, *à considérer l'espece humaine dans sa simplicité primitive, il est aisé de voir par la puissance bornée du mâle & la tempérance de ses desirs, qu'il est destiné par la nature à se contenter d'une seule femelle...... les enfans sont si long-temps rampans & foibles que la mere & eux se passeroient difficilement de l'attachement du pere & des soins qui en font l'effet.*

Dans votre discours, c'est la société seule qui produit le moral de l'amour, c'est-à-dire, ce sentiment par lequel un homme s'attache à une seule femme, & une femme à un seul homme, en donnant l'exclusion à tous les autres. Mais cette préférence ne peut avoir lieu dans l'état primitif. L'homme & la femme n'ayant dans cet état aucune notion du mérite & de la beauté, ne pouvant faire aucune comparaison, en un mot étant réduit à la classe des animaux, ne peuvent même se souvenir de s'être jamais connus. *Cette espece de mémoire, par* laquelle un individu donne la préférence à un individu pour l'acte de génération, exige plus de progrès ou de corruption dans l'entendement humain, qu'on ne peut lui en supposer dans l'état d'animalité dont il s'agit.

Dans Émile, t. IV. p. 181, quoique les animaux n'aient aucune notion du mérite & de la beauté, quoiqu'ils ne puissent faire aucune comparaison, étant toujours dans l'état de pure animalité; cependant plusieurs d'entr'eux se souviennent très-bien de s'être connus. On voit des individus qui donnent la préférence à des individus & l'exclusion à tous les autres. *Dans les espèces où un s'unit à une; où l'accouplement produit une sorte de lien moral, une sorte de mariage; la femelle appartenant par son choix au mâle qu'elle s'est donnée, se refuse communément à tout autre.*

Il faudroit, Monsieur, rapporter les deux ouvrages entiers pour montrer toutes les contradictions qui régnent entre l'un & l'autre. *Ce n'est pas sans surprise*, dites-vous, *ni même sans scandale que l'on remarque le peu d'accord qui regne entre les philosophes* qui ont parlé avant vous de l'état naturel de l'homme, lesquels *semblent avoir pris à tâche de se contredire.* Nous devrions donc nous être bien surpris & bien scandalisés, non pas de ce que vous n'êtes d'accord avec aucun autre philosophe, & que vous les contredisez tous ouvertement; mais de voir que vous avez pris à tâche de vous contredire vous-même & que l'on ne peut lire deux de vos pages sans y trouver des contradictions palpables.

Il y a encore bien plus lieu de s'étonner quand on vous entend dire dans votre lettre à M. l'Archevêque de Paris: *j'ai écrit sur différens sujets, mais toujours dans les mêmes principes, toujours la même morale, la même croyance, les mêmes maximes, &, si l'on veut, les mêmes opinions.* Vous deviez dire, ce me semble, au contraire: j'ai écrit sur différens sujets, mais toujours dans des principes opposés; j'ai changé cent fois de morale, de croyance, de maximes & d'opinions. Tantôt j'ai soutenu que l'homme n'est point né sociable; tantôt j'ai avancé que l'homme est sociable par sa nature. Dans un endroit j'ai démontré que le mariage n'est point établi par la nature; dans un autre j'ai démontré que le mariage est la premiere & la plus sainte institution de la nature. Ici j'ai fait voir que la jalousie & tous les ravages de l'amour viennent de la société; que cette passion est peu funeste à l'homme dans son état primitif, que les combats des animaux, & en particulier ceux des coqs, ne forment aucune induction pour l'espece humaine. Là j'ai fait voir que la jalousie & tous les ravages de l'amour ne viennent point de la société, mais de la nature même; que les combats des animaux, & en particulier ceux des coqs,

coqs, forment pour l'espece humaine une induction à laquelle il n'y a point de réplique. J'ai dit dans une page que tous les sauvages sont terribles, cruels, sanguinaires, que par conséquent le genre humain n'étoit pas fait pour rester toujours dans l'état où on les a trouvés. J'ai dit dans la suivante, que l'état dans lequel on a trouvé les sauvages, étoit le meilleur à l'homme; que le genre humain étoit fait pour y rester toujours, & qu'il n'en est sorti que par quelque funeste hazard. Enfin j'ai tout prouvé, tout démontré, j'ai dit oui & non, j'ai soutenu le pour & le contre selon l'occasion & la circonstance; je me suis toujours fait un jeu de défendre indistinctement la vérité & le mensonge.

Examinons maintenant comment vous prouvez que l'homme n'est point né pour la sociéré, & qu'il étoit destiné à demeurer dans l'état de nature. D'abord, selon vous-même, cet état de nature est *un état* qui n'existe plus, qui n'a peut-être point existé, qui probablement n'existera jamais. Les hommes ne se sont jamais trouvés dans le pur état de nature ; ils sont inégaux parce que Dieu lui-même a voulu qu'ils le fussent. Voilà déjà, ce me semble, un grand préjugé contre ce prétendu état de nature. Car s'il n'a jamais existé, si les hommes ne s'y sont jamais trouvés, si Dieu lui-même a voulu qu'ils fussent inégaux, cet état n'est donc plus qu'un état chimérique, il n'a donc de réalité que dans votre imagination, il n'est donc pas l'état naturel de l'homme.

Les moyens que vous employez pour détruire la société sont singuliers. Certains animaux ne sont point sociables de leur nature; il n'en a pas fallu davantage pour vous déterminer à ranger l'homme parmi les animaux. Pour y réussir, vous relevez d'un côté toutes les qualités de la bête; vous lui en donnez même qu'elle n'a jamais eues &

qu'elle n'aura jamais; & de l'autre vous ôtez à l'homme toutes les facultés qui l'élevent au-dessus des animaux; de sorte que la différence de lui à eux devient imperceptible. *Il y a même, selon vous, plus de différence de tel homme à tel homme, que de tel homme à telle bête; & il est très-douteux si divers animaux pris par les voyageurs pour des bêtes, ne seroient point en effet de véritables hommes, dont la race se trouvoit encore dans l'état de nature.* Vous parlez des Pongos ou Orangs-Outangs. Ils ont, dites-vous, *des conformités frappantes avec l'espece humaine, & des différences moindres que celles qu'on pourroit assigner d'homme à homme.* Vous ne concevez pas pourquoi les auteurs ont refusé à ces animaux le nom d'hommes sauvages. *La stupidité qu'on remarque en eux & le défaut de la parole, sont des raisons très-foibles pour ceux qui savent que la parole n'est point naturelle à l'homme, & qui connoissent combien* l'homme civil est élevé au-dessus de son état originel. Vous ne pardonnez pas aux voyageurs d'avoir rapporté que les Pongos n'ont pas assez de sens pour entretenir le feu en y apportant du bois. Il paroît fort étrange que les Pongos, dont on vante l'adresse & la force, les Pongos qui savent enterrer leurs morts & se faire des toits de branchages, ne sachent pas pousser des tisons dans le feu. Je me souviens, ajoutez-vous, d'avoir vu un singe faire cette même manœuvre qu'on ne veut pas que les Pongos puissent faire.

Pour juger si ces animaux sont des hommes ou des bêtes, vous voulez qu'on ne s'en rapporte qu'à des savans, tels qu'un Buffon, un Diderot, un Dalembert, &c. Quand de pareils observateurs affirmeront d'un tel animal que c'est un homme, & d'un autre que c'est une bête; il faudra les en croire. Mais ce seroit une grande simplicité de s'en rapporter là dessus à des voyageurs grossiers.

sur lesquels on seroit quelquefois tenté de faire la même question qu'ils se mêlent de résoudre sur d'autres animaux.

Puisque M. de Buffon est un de ces observateurs que vous prenez pour juges, & que vous vous en rapportez entiérement à sa décision, vous voudrez bien me permettre de vous rappeller l'arrêt qu'il a déjà prononcé sur cette matiere.

„ Il (l'Orang-outang) est donc animal,
„ & malgré sa ressemblance à l'homme,
„ bien loin d'être le second dans notre es-
„ pece, il n'est pas même le premier dans
„ l'ordre des animaux; puisqu'il n'est pas
„ le plus intelligent. C'est uniquement sur
„ ce rapport de ressemblance corporelle
„ qu'est appuyé le préjugé de la grande
„ opinion qu'on s'est formée des facultés
„ du singe..... Ainsi ce singe, que les phi-
„ losophes avec le vulgaire ont regardé
„ comme un être difficile à définir, dont
„ la nature étoit au moins équivoque, &

« moyenne entre celle de l'homme & celle
« des animaux, n'est dans la vérité qu'un
« pur animal, portant à l'extérieur un mas-
« que de figure humaine, mais dénué à
« l'intérieur de la pensée & de tout ce qui
« fait l'homme; un animal au-dessous de
« plusieurs autres par les facultés relatives,
« & encore essentiellement différent de
« l'homme, par le naturel, par le tem-
« pérament, & aussi par la mesure du temps
« nécessaire à la gestation, à l'accroissement
« du corps, à la durée de la vie, c'est-à-
« dire, par toutes les habitudes réelles qui
« constituent ce qu'on appelle nature dans
« un être particulier.

« Pourquoi vouloir nous forcer à ne voir
« l'homme que comme un animal, tandis
« qu'il est en effet d'une nature très-diffé-
« rente, très-distinguée, & si supérieure à
« celle des bêtes, qu'il faudroit être aussi
« peu éclairé qu'elles le sont pour pou-
« voir les confondre....... Le plus stupide

» des hommes suffit pour conduire le plus
» spirituel des animaux. Il le commande,
» il le fait servir à ses usages, & c'est moins
» par force & par adresse que par supério-
» rité de nature..... Les plus forts des ani-
» maux mangent les plus foibles, mais ils
» ne leur commandent pas.

» La nature marche toujours & agit en
» tout par degrés imperceptibles & par
» nuances. Cette vérité, qui d'ailleurs ne
» souffre aucune exception, se dément ici
» tout-à-fait. Il y a une distance infinie en-
» tre les facultés de l'homme & celles du
» plus parfait animal. Preuve évidente que
» l'homme est d'une différente nature, que
» seul il fait une classe à part, de laquelle
» il faut descendre en parcourant un espace
» infini avant que d'arriver à celle des ani-
» maux. Car si l'homme étoit de l'ordre
» des animaux, il y auroit dans la nature
» un certain nombre d'êtres moins parfaits
» que l'homme & plus parfaits que l'ani-

» mal, par lesquels on descendroit insensi-
» blement & par nuance de l'homme au
» singe ; mais cela n'est pas. On passe tout
» à coup de l'être pensant à l'être matériel.
» En voilà plus qu'il n'en faut pour dé-
» montrer l'excellence de notre nature &
» la distance immense que la bonté du Créa-
» teur a mise entre l'homme & la bête. Il
» n'y a point d'êtres intermédiaires entre
» l'être raisonnable & l'être sans raison. Il
» est évident que l'homme est d'une nature
» différente de celle de l'animal, qu'il ne
» lui ressemble que par l'extérieur, & que
» le juger par cette ressemblance matérielle,
» c'est se laisser tromper par l'apparence,
» & fermer volontairement les yeux à la
» lumiere qui doit nous la faire distinguer
» de la réalité. (*a*)

Il faut, Monsieur, que vous ayez été

_____

(*a*) Hist. nat. tom. IV. p. 43, 162, 164, 172.
Tom. XII. p. 13 & 18.

bien mal-adroit pour en appeller au jugement de cet écrivain célèbre. Ses sentimens sur la nature de l'homme sont, comme vous voyez, aussi éloignés des vôtres, que le ciel est éloigné de la terre. Tandis que vous calomniez indignement la nature humaine, que vous voulez en vain la dégrader & l'avilir, M. de Buffon la venge de vos outrages, & démontre son excellence d'une maniere digne d'un homme qui fait lui-même tant d'honneur à l'humanité. La différence de l'homme à la bête n'est point à son avis imperceptible, elle est immense, elle est infinie. Il ne faut être ni grand philosophe, ni même philosophe pour pouvoir les distinguer, il faut au contraire être bête soi-même pour les confondre.

Les efforts que vous faites pour prouver que l'homme n'est pas né pour la société, sont aussi ridicules qu'impuissans. Vous prétendez que la perfectibilité, le talent de la parole, les vertus sociales & toutes les facultés naturelles de l'homme, ne lui ont été données qu'en puissance, & à condition qu'il n'en feroit aucun usage. Voilà peut-être la maxime la plus absurde & la plus extravagante qu'il soit possible d'imaginer. Vous en sentez vous-même ailleurs toute l'absurdité & toute l'extravagance. *Le Dieu que j'adore*, dites-vous, *ne m'a pas doué d'un entendement pour m'en interdire l'usage.* (a) Le moyen en effet de concevoir que le Créateur nous ait donné la faculté de nous perfectionner, & de nous élever par nous-mêmes au-dessus des animaux, pour ne pas nous perfectionner, mais pour demeurer éternellement inférieurs à tous les animaux? Le moyen de concevoir qu'il nous ait donné la faculté de parler pour ne point parler? Vous me demandez comment les hommes ont pu venir à bout d'inventer un langage? Je réponds qu'ils l'ont pu, puis-

_____

(a) Émile, tom. III. pag. 99.

qu'ils l'ont fait; qu'ils l'ont pu naturellement, puisque la parole leur est commune à tous, que tous les hommes parlent, l'homme sauvage comme l'homme policé, le moins intelligent comme le plus spirituel; je réponds que l'habitude seule, nécessaire entre la mere & l'enfant, même dans l'état de nature, est suffisante pour l'invention d'une langue; & j'appuie toujours ma réponse sur le témoignage de M. de Buffon. Je ne crains pas de recourir souvent à son autorité, parce que vous y avez souvent recours vous-même, & que de votre aveu elle est *respectable pour des philosophes.*

„ Dans ce même état de nature, la pre-
„ miere éducation, l'éducation de nécessité,
„ exige autant de temps que dans l'état
„ civil; parce que dans tous les deux l'en-
„ fant est également foible, également lent
„ à croître, que par conséquent il a besoin
„ de secours pendant un temps égal, qu'en-

« fin il périroit, s'il étoit abandonné avant
« l'âge de trois ans. Or cette habitude né-
« cessaire, continuelle & commune entre
« la mere & l'enfant pendant un si long-
« temps, suffit pour qu'elle lui communi-
« que tout ce qu'elle possede. Et quand
« on voudroit supposer faussement que
« cette mere dans l'état de nature ne posse-
« de rien, pas même la parole ; cette longue
« habitude avec son enfant ne suffiroit-elle
« pas pour faire naître une langue ? Ainsi
« cet état de pure nature, où l'on suppose
« l'homme sans pensée, sans parole, est un
« état idéal, imaginaire, qui n'a jamais
« existé. La nécessité de la longue habi-
« tude des parens à l'enfant, produit la so-
« ciété au milieu du désert. La famille
« s'entend & par signes & par sons. Et ce
« premier rayon d'intelligence entretenu,
« cultivé, communiqué, a fait ensuite éclo-
« re tous les germes de la pensée. (a)

(a) Hist. nat. tom. XII. pag. 50.

Vous êtes donc toujours condamné, Monsieur, au tribunal de ce grand homme; & ce qu'il y a de plus fâcheux pour vous, c'est que votre condamnation est toujours appuyée sur des moyens de preuves qui ne vous laissent aucune ressource pour votre justification. En vain direz-vous que dans l'état de nature les enfans sont plutôt en état de pourvoir par eux-mêmes à leurs besoins ; quelque prompt que puisse être le développement de leurs organes, ils ne peuvent qu'après plusieurs années se passer du secours de leurs parens. Que deviendra un enfant seul, au milieu des bois, parmi les lions & les ours, sans armes pour se défendre, sans force même & sans action ? Il faut dire la même chose du vieillard. Exténué, foible, accablé d'infirmités & de maladies, comment au milieu des bêtes féroces pourra-t-il, sans le secours de ses semblables, conserver les restes d'une vie languissante ? La société est donc nécessaire dans les deux extrémités de la vie humaine. Elle l'est dans tous les âges. La solitude seroit pour nous un état éternel de dangers & de combats. C'est dans la société seule que l'homme peut trouver la sûreté & la paix. C'est la réunion de ses forces & de ses lumieres qui le rend supérieur à tout ce qui l'environne, qui lui donne l'empire de l'univers. Oui si l'homme est le roi de la terre, s'il commande à tous les animaux, s'il est terrible à ceux même d'entr'eux qui le surpassent en légéreté, en force, en courage, c'est à la société qu'il en est redevable.

„ En quoi consiste notre sûreté, dit un
„ ancien, si ce n'est dans les services mu-
„ tuels que nous nous rendons? Ces services
„ sont le seul soutien de la vie, le seul rem-
„ part que nous puissions opposer aux atta-
„ ques de nos ennemis. Séparez-nous les
„ uns des autres, que sommes-nous? la
„ proie des bêtes féroces. Les animaux ont
„ assez de force pour se défendre. La na-

„ ture a donné des armes à ceux qu'elle a
„ destinés à mener une vie errante & iso-
„ lée. L'homme est la foiblesse même. Ce
„ n'est ni la force de ses ongles, ni celle de
„ ses dents qui peut le rendre redoutable,
„ sans force & sans défense, il n'a de res-
„ source que dans la société. La nature en
„ lui donnant la raison & la société, l'a
„ rendu supérieur aux animaux mêmes dont
„ il eût été sans cesse accablé. C'est la so-
„ ciété qui les soumet tous à son empire,
„ qui le défend contre les dangers de la
„ maladie, qui est le soutien de sa vieil-
„ lesse. Si vous ôtez la société, vous dé-
„ truisez l'union du genre humain, & c'est
„ dans cette union que consiste le seul ap-
„ pui de la vie. (a)

Mais voudrois-je entreprendre ici de démontrer une vérité dont chacun trouve la
preuve écrite au fond de son cœur ? Si

(a) Seneca, lib. 4. de beneficiis. c. 18.

l'homme n'est point sociable par sa nature, si nous sommes faits pour n'avoir aucun rapport avec nos semblables, pourquoi avons-nous reçu en partage des penchans & des inclinations naturelles, qui nous rapprochent & nous réunissent malgré nous-mêmes? Pourquoi, par exemple, la nature nous donna-t-elle une ame sensible & compatissante? Pourquoi la vue d'un infortuné nous arrache-t-elle des soupirs & des larmes? Quelle peut être la fin de ce sentiment intérieur qui nous met à la place de celui qui souffre, nous identifie avec lui & nous rend malheureux de son malheur? Seroit-ce encore en vain que nous aurions reçu de la nature la plus précieuse & la plus aimable des vertus?

Si l'homme n'est point né pour la société, d'où vient donc qu'il n'est heureux que dans la société? D'où vient que son ame concentrée en elle-même est dans un état de violence, & qu'elle cherche sans cesse

cesse à se répandre au dehors ? D'où vient que le commerce des hommes a pour lui tant d'attraits, qu'il ne trouve dans la solitude qu'un fond d'ennui & de tristesse, qu'il y est toujours inquiet & mécontent ? D'où vient en un mot qu'il ne peut goûter de vrai bonheur s'il n'a quelqu'un qui puisse le partager avec lui ? ,, Si un homme, dit
,, Ciceron, étoit assez farouche & assez
,, barbare pour haïr & pour fuir la com-
,, pagnie des autres hommes, comme on
,, le raconte d'un certain Timon d'Athènes,
,, il faudroit, malgré qu'il en eut, qu'il
,, cherchât un autre misantrope comme lui,
,, pour vomir dans son sein son humeur &
,, sa bile. Nous en serions bien convaincus,
,, s'il pouvoit arriver qu'un Dieu nous sé-
,, questrât du commerce des hommes, &
,, nous plaçât quelque part dans un désert,
,, où nous fournissant en abondance tout
,, ce que la nature peut desirer d'ailleurs,
,, il nous mettroit dans l'impuissance de

„ voir un seul homme. Quelle ame de fer
„ pourroit supporter cette vie, & goûter le
„ moindre plaisir dans cette solitude ? (a)

Vous répondrez que le besoin que nous avons de la société naît de la société même. Mais si, avant son établissement, les hommes n'avoient rien trouvé en eux qui les invitât à se rechercher mutuellement & à se réunir ; il est impossible d'imaginer comment elle auroit pu s'établir dans tout l'univers. Remontez jusqu'aux temps les plus reculés, jettez les yeux sur tous les peuples du monde, parcourez toute la surface du globe, les déserts les plus affreux, les rochers les plus inaccessibles, les sables brûlans & les climats glacés, par-tout vous verrez des hommes rassemblés ; par-tout vous trouverez des sociétés établies ; nulle part vous ne rencontrerez des hommes errans, sans parole, sans relation, sans commerce, sans

────────────────────

(a) *Cic. de amicitiâ*, n. 87.

union. Comment donc le genre humain est-il ainsi sorti de sa constitution primitive ? Comment dans un si grand nombre de peuples divers, séparés les uns des autres par des espaces immenses, qui n'ont entr'eux aucune correspondance, ne s'en trouve-t-il pas un seul qui soit demeuré dans un état où l'auteur de la nature les avoit tous placés pour y rester éternellement ? Si ce sont différens hazards qui ont réuni les hommes, comment ces hazards se sont-ils rencontrés par-tout ? Comment la même révolution s'est-elle opérée chez tant de nations ? D'ailleurs supposer que tous les hommes, sans en excepter un seul, soient sortis de l'état auquel le Créateur les avoit destinés, n'est-ce pas outrager la Sagesse suprême ? N'est-ce point l'accuser d'avoir mal pris ses mesures, de s'être trompée dans le choix des moyens qu'elle a employés pour parvenir à son but ? N'est-il pas plus raisonnable de penser que Dieu a voulu que les hommes vécuſſent en ſociété, puiſque tous les hommes vivent en ſociété ; qu'il ne les a point faits pour paſſer leurs jours dans la ſolitude, puiſque tous les hommes naiſſent ennemis de la ſolitude ?

Les contradictions dont j'ai parlé juſqu'à préſent ſont peu importantes, Monſieur, elles montrent ſeulement que vous manquez de bonne foi ; du reſte elles ſont aſſez indifférentes, & ne peuvent faire à la ſociété ni bien ni mal. Celles dont il me reſte à parler ſont d'une toute autre conſéquence ; elles peuvent avoir ſur les mœurs une influence pernicieuſe. Elles conſiſtent en ce que, d'une part, c'eſt toujours, à vous entendre, l'amour de l'humanité & de la vertu qui vous met la plume à la main ; en ce que vous ne parlez que de mœurs, de pureté, d'innocence ; que ſans ceſſe vous prêchez, vous criez, vous déclamez contre la corruption de vos contemporains ; tandis que d'un autre côté vous enſeignez la

Lettre quatrieme. 213

vice, vous le justifiez, vous l'ennoblissez, vous le décorez du nom de vertu; que vous donnez de sang-froid des leçons de libertinage, des principes de corruption & de débauche ; & que vous poussez ces principes plus loin que tous ces auteurs scandaleux, dont les écrits obscènes répandent & perpétuent sur la terre le poison de la volupté.

En effet de tous ces écrivains licentieux qui se sont occupés à tendre des pieges à l'innocence, il n'en est aucun qui se soit jamais avisé de recourir aux moyens honteux que vous employez pour mettre les passions à l'aise, & leur donner une pleine & entiere liberté. Pour permettre à l'homme d'imiter les mœurs de la bête, vous commencez par lui en attribuer la nature. Vous n'avez pas honte de lui interdire l'usage de toutes les facultés qui constituent l'être raisonnable, de lui ôter toute idée de vertu, de pudeur, de décence ; de ne lui laisser qu'un instinct aveugle ainsi qu'aux plus vils animaux. Vous lui donnez pour toute regle de conduite ses inclinations vicieuses & ses penchans déréglés ; vous renversez toutes les barrieres qui pouvoient s'opposer au débordement de ses passions effrénées ; vous lui permettez de se livrer à la brutalité de ses desirs sans scrupule & sans remords. A la plus sainte de toutes les unions, au plus inviolable de tous les contrats, vous substituez un monstrueux mélange, une confusion horrible ; vous détruisez, vous anéantissez les noms sacrés de pere, de fils, d'époux, d'épouse, que les nations même les plus barbares ont toujours respectés ; vous dites hautement & publiquement à la face de l'univers, que l'homme dans l'action la plus importante & la plus essentielle qu'il soit possible de concevoir, dans l'action par laquelle il donne la vie à son semblable, doit se conduire comme les animaux les plus stupides, sans faire usage de sa raison, sans penser à la fin que le Créateur s'est préposée dans l'union respectable des sexes, sans se mettre en peine ni de l'enfant qui lui doit son existence, ni de la mere avec laquelle il a concouru à lui donner la vie ; qu'il peut impunément les laisser périr l'un & l'autre sans leur donner du secours; qu'il ne doit penser qu'à satisfaire son appétit, & que l'appétit une fois satisfait, il ne doit plus songer qu'à trouver l'occasion de le satisfaire de nouveau; que tel est l'état naturel de l'homme, l'état de vertu & d'innocence auquel nous avons tous été destinés. O Dieu ! est-ce ainsi que l'on ose défigurer ton image! est-ce ainsi que l'on ose dégrader la plus noble des créatures, un être que tu daignas éclairer d'un flambeau céleste, afin qu'il fût capable comme toi-même, de connoître le bien, & de sentir le prix de la vertu !

N'est-il pas étonnant, Monsieur, que vous osiez appeller vertu & innocence ce qui est en effet, & ce que les hommes ont toujours regardé comme le dernier terme de la débauche ? Quoi ! ces créatures infortunées, couvertes de honte & d'infamie, perdues d'honneur & de réputation dans l'esprit du monde même le plus dépravé, ces filles effrontées qui ne gardent plus de mesures, qui ne respectent plus aucune bienséance, qui se livrent sans pudeur au premier venu ; quoi ! ces victimes malheureuses de l'incontinence & de la débauche seroient dans l'état naturel de l'homme ! elles seroient rentrées dans notre condition originaire ! elles auroient recouvré l'innocence primitive ! ces maximes me font horreur. Voilà cependant, Monsieur, ce que vous avez l'impudence de vouloir nous persuader. En effet ces créatures infames sont, comme vous prétendez que nous devrions être tous, *bornées au seul physique de l'amour. Elles ignorent ces préférences qui en irritent le sentiment en augmentant les difficultés ; elles se livrent sans choix à l'impul-*

sion du tempérament ; elles n'ont pas cette espece de mémoire qui suppose tant de corruption dans l'entendement humain, par laquelle un individu donne la préférence à un individu ; l'appétit satisfait, elles n'ont plus besoin de tel homme ; un autre peut également contenter leurs nouveaux desirs, elles n'ont pas le moindre souci des suites de leur action. En un mot elles nous présentent une image sensible & parfaite de ce qui est, selon vous, notre état primitif.

Il faut, Monsieur, qu'à l'exemple de ces filles débauchées, dont vous n'avez pas honte d'entreprendre l'apologie, vous soyez accoutumé à ne plus rougir ; il faut, comme vous vous en vantez vous-même, que vous vous souciez bien peu de l'estime du genre humain, pour avoir osé écrire, imprimer, publier des maximes aussi scandaleuses, & en même temps aussi extravagantes. La postérité n'apprendra pas sans étonnement que dans un siecle de philosophie & d'humanité, un écrivain célebre s'est efforcé d'anéantir à la fois l'amour conjugal & la tendresse paternelle ; qu'il a soutenu à la face de l'Europe qu'un homme qui vient de donner la vie à son semblable, ne doit nullement se mettre en peine de la lui conserver ; qu'il ne doit pas aider la mere à l'élever, qu'il peut le laisser vivre ou périr sans en avoir *le moindre souci*. L'étonnement redoublera encore sans doute, lorsque l'on apprendra que cet écrivain barbare s'est donné pour l'ami des hommes ; qu'il avoit toujours dans la bouche les noms de vertu & d'humanité ; qu'il ne cessoit de se plaindre de la méchanceté de ses contemporains & de la corruption de leurs mœurs.

Mais, Monsieur, quelque méchans & quelque corrompus qu'il vous plaise de supposer les hommes, ils ne le sont pas encore assez pour adopter la doctrine affreuse que vous leur prêchez. La nature les a prémunis contre vos détestables principes ; elle est plus forte que toute votre éloquence ; jamais vos sophismes ne pourront étouffer sa voix. Peres tendres, époux vertueux, qui lisez ces maximes monstrueuses, c'est votre cœur que j'appelle ici en témoignage. Est-il vrai que vous soyiez disposés à délaisser inhumainement cette épouse fidelle, ces foibles innocens, unique objet de votre tendresse ? A cette proposition je vois l'indignation s'allumer dans votre ame ; votre conscience s'éleve contre cette abominable doctrine, & vous chargez intérieurement des plus terribles malédictions l'écrivain scandaleux qui osa la proposer à l'univers.

Ce n'étoit point assez pour vous, Monsieur, d'avoir détruit la tendresse d'un époux pour son épouse, d'un pere pour ses enfans ; vous étiez trop avancé pour pouvoir vous arrêter. Il falloit bien encore détruire l'autorité paternelle & la piété filiale ; il falloit affranchir les enfans de tout devoir d'obéissance envers leurs peres, & supprimer toute espece de dépendance. Il falloit en un mot armer les peres contre les enfans, les enfans contre leurs peres; allumer dans le sein de toutes les familles le feu de la discorde & des guerres intestines. Voilà sans doute un des principaux objets que vous avez eus en vue dans votre discours.

En effet supposons pour un moment que la jeunesse est imbue de vos maximes, qu'elle est persuadée qu'un enfant n'est rien à son pere sitôt qu'il peut se passer de lui; qu'il lui doit tout au plus du respect & non de l'obéissance; que les droits des peres sur leurs enfans, loin d'être fondés sur la loi naturelle, ne sont que l'ouvrage des institutions humaines, & peut-être l'effet d'une usurpation injuste & tyrannique; supposons, dis-je, que ces principes sont universellement répandus parmi les jeunes gens; je vous demande, Monsieur, ce qu'il doit arriver dans cette supposition, ce que doit faire une jeunesse déjà si incorrigible & si

Lettre quatrieme.

indisciplinable ? Je demande quel moyen il restera à un pere pour ramener au devoir un enfant indocile & rebelle à ses volontés; & quel enfant ne sera pas rebelle aux volontés de son pere, & ne se croira pas en droit de lui résister en face, si une fois il vient à se persuader, bien ou mal, qu'il n'a plus besoin de son secours, que par conséquent il n'est plus soumis à son autorité, & que le devoir que l'on veut lui imposer, n'est qu'une vexation insupportable ? Je demande enfin comment on pourra maintenir la subordination si nécessaire au repos des familles & à celui de toute la société ?

Quand même la doctrine que vous nous enseignez seroit la pure vérité, il seroit à desirer, pour le bonheur de l'espece humaine, qu'une vérité aussi funeste demeurât à jamais dans l'oubli; il vaudroit mieux être dans l'ignorance & vivre en paix, que d'acquérir une connoissance qui ne serviroit qu'à porter le trouble & la division dans toutes les maisons. Mais ces maximes sont aussi contraires au bon sens, qu'elles sont nuisibles au repos public. Non, les devoirs d'un fils envers son pere ne sont point fondés sur le besoin qu'il en a ; quelqu'avancé en âge que soit un enfant, il ne peut les oublier sans se rendre coupable de la plus monstrueuse ingratitude. Ah ! s'il étoit assez dénaturé pour perdre de vue ce qu'il doit à l'auteur de ses jours, le sang qui circule dans ses veines lui en rappelleroit le souvenir ma' gré lui. Les plus stupides des nations n'ont point ignoré l'obéissance qu'un fils doit à son pere. Chez les peuples les plus sauvages, le pere est le chef, le souverain, le monarque de la famille entiere. Plus même on remonte vers la naissance des siecles, plus l'autorité paternelle a d'étendue, plus elle devient respectable & sacrée, plus ceux qui la méconnoissent sont couvert de haine & de malédiction. Preuve évidente que cette autorité n'est point une institution socia-

Lettre quatrieme. 223

le, qu'elle n'est pas l'ouvrage des hommes, qu'il faut chercher sa source & son origine, non dans la politique des législateurs, mais dans la nature même.

Il faut, Monsieur, que la société soit établie sur des fondemens inébranlables, & qu'elle soit incontestablement l'état naturel de l'homme, puisque vous ne pouvez vous élever contr'elle sans détruire ce qu'il y a de plus sacré sur la terre. Pour prouver que l'homme n'est point sociable par sa nature, vous commencez par arracher de son cœur l'amour conjugal, la tendresse paternelle, la piété filiale, c'est-à-dire, les sentimens les plus purs & les plus doux que la nature lui inspire. Vous supprimez le mariage, quoique, selon vous-même, le mariage soit *la premiere & la plus sainte institution de la nature*. Vous permettez à l'homme de suivre aveuglément l'emportement de ses desirs, quoique la raison doive les réprimer. Vous le réduisez au rang des animaux, quoiqu'il y ait une distance infinie entre lui & les animaux. Vous lui défendez l'usage de sa perfectibilité, quoique de votre aveu cette perfectibilité soit son seul caractere distinctif. Vous lui enlevez les facultés de parler, de penser, de raisonner ; quoique ces facultés soient le fond de son être & constituent sa nature. C'est-à-dire que pour montrer que l'homme n'est pas né pour la société, vous êtes obligé de montrer qu'il n'est pas né pour être homme. Jugez-vous même, Monsieur, s'il peut y avoir une démonstration plus frappante & plus invincible que celle que vous donnez de la sociabilité de l'homme, dans le discours que vous avez fait contre la société. Si quelqu'un doutoit qu'il fût sociable par sa nature, je ne crois pas qu'il y ait un meilleur moyen pour l'en convaincre, que de lui mettre en main l'ouvrage dans lequel vous prétendez prouver que l'homme n'est pas sociable par sa nature. Je suis, &c.

LETTRE

LETTRE CINQUIEME.

Réflexions sur Émile.

Nous voici donc arrivés, Monsieur, à ce livre fameux que vous tiendrez toujours pour le meilleur dans le siecle où vous l'avez publié; à ce livre dont on devroit honorer & chérir les rêveries, quand même il ne contiendroit pas un seul mot de vérité; à ce livre enfin dont l'auteur méritoit qu'on lui rendît les honneurs publics, & qu'on lui élevât des statues. Oui, dites-vous, s'il existoit en Europe un seul gouvernement vraiment éclairé, un gouvernement dont les vues fussent vraiment utiles & saines, il eut rendu les honneurs publics à l'auteur d'Émile, il lui eut élevé des statues. (a) Il faut bien que cela soit ainsi, car vous devez connoître

---

(a) Lettre à M. de Beaumont, p. 48 & 110.

mieux que personne le mérite de votre ouvrage.

Mais, Monsieur, pourquoi n'avez-vous pas toujours porté sur cet ouvrage le même jugement ? Vous êtes si accoutumé de vous contredire en tout, que vous ne pouvez vous empêcher de le faire dans les matieres même où il est le moins naturel de changer de sentiment.. Si vous pouviez être d'accord avec vous-même sur un seul point, ce seroit sans doute sur le mérite de vos productions. Cependant ce même livre, à l'auteur duquel on devoit, selon vous, *rendre les honneurs publics & élever des statues*, n'est, selon vous encore, *qu'un recueil de réflexions & d'observations sans ordre & presque sans suite*. Ce n'étoit d'abord qu'*un mémoire*; il devint insensiblement *une espece d'ouvrage, trop gros pour ce qu'il contient, mais trop petit pour la matiere qu'il traite*. Vous craignez qu'après ce livre *votre sujet ne soit encore neuf*. Vous êtes persuadé qu'en le lisant

Lettre cinquieme.

on croira moins lire un traité d'éducation que les rêveries d'un visionnaire sur l'éducation. Vous avez même *balancé long-temps à le publier.* Enfin *après de vains efforts pour faire mieux, vous avez cru devoir le donner tel qu'il est ;* persuadé que *quand vos idées seroient mauvaises, vous n'aurez pas tout-à-fait perdu votre temps, si elles en font naître de bonnes à d'autres.*

La grande modestie que vous affectez platement dans cet endroit, est d'autant plus déplacée, que dans ce lieu même vous vous érigez, selon votre coutume ordinaire, en juge souverain, que vous citez à votre tribunal, & que vous condamnez sans miséricorde tous les auteurs qui ont donné avant vous un traité d'éducation. Et en disant qu'il *dépend de vous de ne point abonder dans votre sens, & de ne pas croire être seul plus sage que tout le monde,* vous forcez pourtant vos lecteurs à penser que vous croyez être seul plus sage que tout le monde. A vous entendre, l'art de former les hommes est entierement oublié. On ne connoît point l'enfance ; sur les fausses idées qu'on en a, plus on va, plus on s'égare. Les plus sages même ne considerent pas ce que les enfans sont en état d'apprendre ; ils cherchent l'homme dans l'enfant, sans penser à ce qu'il est avant que d'être homme.... L'éducation du monde n'est propre qu'à faire des hommes doubles, paroissant toujours rapporter tout aux autres ; & ne rapportant jamais rien qu'à eux seuls. L'éducation privée apprend tout aux enfans, hors à se connoître, hors à tirer parti d'eux-mêmes, hors à savoir vivre & se rendre heureux. Elle fait des esclaves & des tyrans pleins de sciences & dépourvus de sens, également débiles de corps & d'ame. Pour ce qui est de ces établissemens risibles qu'on appelle colleges, l'éducation qu'on y reçoit ne mérite pas même le nom d'institution publique. Enfin vous criez contre tout le genre humain ;

contre les époux & les épouses, contre les meres & les nourrices, contre les instituteurs & les gouvernantes, contre les médecins, contre les sages-femmes, contre les prêtres, contre les philosophes, contre l'Europe entiere. Bientôt, dites-vous, ce ne sera plus *qu'un désert, elle sera peuplée de bêtes féroces, elle n'aura pas beaucoup changé d'habitans.* C'est-à-dire que vous ne pouvez ouvrir la bouche sans dire des injures à tous les hommes & en général & en particulier. Est-ce là le langage de *cet auteur si peu affirmatif, si peu décisif, qui avertit de se défier de ses idées?* Est-ce là ce *livre qui ne respire que paix, douceur, patience?* (a)

Pour avoir droit de censurer tous les plans d'éducation suivis parmi nous, il faudroit au moins que la méthode que vous voulez leur substituer put être de quelque

―――――――

(a) Lettre à M. de Beaumont, pag. 110.

utilité. Mais il est assez difficile de déviner quel fruit vous croyez pouvoir en retirer. Vous convenez qu'elle *est sujette à des difficultés peut-être insurmontables;* qu'elle seroit bonne *pour un enfant écarté de tous les humains, placé dans le globe de la lune, dans une île déserte.* L'éleve formé sur cette méthode n'est bon, de votre aveu, *ni pour l'épée, ni pour l'église, ni pour le bareau.* En sortant de vos mains il ne sera *ni magistrat, ni soldat, ni prêtre.* S'il étoit fils d'un grand Seigneur, *il renieroit son titre, il ne voudroit plus être Prince.* Il ne sera pas même citoyen. Car *il faut opter entre faire un homme ou un citoyen, on ne peut faire à la fois l'un & l'autre..... Celui qui dans l'ordre civil veut conserver la primauté des sentimens de la nature, ne fait ce qu'il veut..... Il ne sera jamais ni homme, ni citoyen, il ne sera bon ni pour lui ni pour les autres. Ce sera un de ces hommes de nos jours, un françois, un anglois, ce ne sera* rien. Mais pour qui travaillez-vous donc si ce n'est pour des citoyens ? A qui votre ouvrage sera-t-il utile, s'il ne l'est ni aux françois, ni aux anglois, ni aux hommes de nos jours ? Le sera-t-il à ceux de l'autre monde ?

Ce qui prouve encore que vous ne travaillez pas pour la génération présente, c'est que votre méthode est impraticable, au moins dans le siecle où nous vivons, & qu'il est même, selon vous, à peu-près impossible de trouver un gouverneur. Il faut pour élever un enfant *une ame sublime ; il faut être pere ou plusqu'homme. Il faut que le gouverneur ait été élevé pour son éleve ; il faut d'éducation en éducation remonter jusqu'on ne sait où.* D'un autre côté *il faudroit qu'un gouverneur fut jeune, aussi jeune même que son éleve s'il étoit possible.* Mais ce rare mortel, ce prodige est-il donc *introuvable ?* C'est ce que vous n'osez décider, parce que vous ne savez *à quel point de* vertu peut atteindre encore l'ame humaine. Tout ce qu'il y a, c'est que malgré vos talens, votre expérience, vos lumieres, vos connoissances, *vous sentez trop votre incapacité pour accepter jamais un pareil emploi.* Eh ! qui osera donc l'accepter ?

S'il est difficile, selon vous, de trouver un gouverneur, il ne l'est guere moins de trouver un éleve. Il faut d'abord que cet éleve soit né dans la zone tempérée ; il faut qu'il soit riche & même qu'il ait de la naissance ; il faut qu'il puisse apprendre un métier, & qu'il veuille *s'élever à l'état de menuisier.* Il faut que le maître & le disciple soient assurés de passer leurs jours ensemble, ou du moins de n'être jamais séparés que de leur consentement ; il faut que le gouverneur ait le pouvoir de matier son éleve à son gré, sans que le pere ose s'en mêler. Il faut d'un autre côté que l'enfant soit bien formé, vigoureux & sain ; qu'il ne soit ni infirme ni valétudinaire ; il faut sur-tout, & sous peine d'être refusé irrévocablement, qu'il soit sûr de n'avoir jamais besoin ni de prêtres, ni de philosophes, ni de médecins, ni de chirurgiens, ni d'apoticaires ; parce que tous ces gens là aviliroient son cœur & gâteroient l'ouvrage du gouverneur. Il faut enfin qu'il se conduise, ainsi que *les animaux, d'une maniere conforme à la nature* ; & qu'il puisse, comme eux, se passer *d'ordonnances, de préceptes & d'exhortations*. C'est-à-dire, que pour élever un enfant il faut tant de choses, soit de la part du maître, soit de la part du disciple, qu'elles ne pourront jamais se rencontrer, que par conséquent il faut les laisser tous sans éducation.

Vous rapportez l'histoire d'un enfant incommode & pleureur, qui ayant un jour reçu de sa nourrice un coup assez léger, entra dans une colere terrible. *Quand j'aurois douté*, dites-vous à cette occasion, *que le sentiment du juste & de l'injuste fut inné* dans le cœur de l'homme, cet exemple seul m'en auroit convaincu. L'idée du juste & de l'injuste est innée dans notre ame sans doute; mais en ce sens que nous apportons en naissant le germe de cette idée, lequel se développe dans la suite des temps à mesure que la raison se cultive & se perfectionne. La connoissance du bien & du mal est dans l'esprit d'un enfant à peu-près comme les fruits que produit un arbre sont en lui aussitôt qu'il commence à paroître. Comme il est de la nature de tel arbre de porter tel fruit, plutôt que tel autre, ainsi il est de la nature de l'ame humaine d'avoir telle ou telle idée. Mais comme l'arbre a besoin de culture & d'accroissement pour produire ses fruits, quoiqu'il les produise naturellement; ainsi l'ame de l'homme n'auroit pas même le sentiment du juste & de l'injuste, quoique ce sentiment lui soit naturel, si ses facultés n'étoient développées par la méditation, le travail, la réflexion. Il est souverainement absurde de supposer qu'un enfant au berceau puisse sentir vivement l'injustice d'une action. Il est sûr, quoique vous en disiez, qu'un tison ardent tombé par hazard sur la main de celui dont vous parlez, lui auroit été plus sensible encore que le coup qu'il reçut de sa nourrice.

Mais puisque vous reconnoissez que le sentiment du juste & de l'injuste est inné dans le cœur de l'homme, puisque vous voulez même qu'un enfant à la mamelle & sorti à peine du sein de sa mere, soit capable de connoître si une action est bonne ou mauvaise ; comment pouvez-vous dire dans votre ouvrage que *connoître le bien & le mal, sentir la raison des devoirs de l'homme n'est pas l'affaire d'un enfant....., qu'un enfant ne peut sentir à dix ans qu'obéir à son pere est un bien, & que lui désobéir est un mal ?* Comment pouvez-vous vous vanter d'avoir démontré cent fois dans vos deux premiers volumes *qu'un enfant ne peut* connoître que le bien & le mal physique; puisque de votre aveu le sentiment du bien & du mal est inné dans le cœur d'un enfant ? Pourquoi ne cherchez-vous pas dans votre plan d'éducation à développer & à perfectionner ce sentiment ? Pourquoi voulez-vous qu'on *exerce son corps, ses organes, ses sens, ses forces, & qu'on tienne son ame oisive ?*

Sitôt que les passions frapperont à la porte, l'élève n'aura plus d'attention que pour elles. Il faut donc qu'un maître vigilant les prévienne, & forme le cœur de son élève à la vertu, avant qu'il soit dominé par la fougue des passions naissantes. Mais voyons quelle conséquence vous tirez de là : *le plus dangereux intervalle de la vie humaine, est celui de la naissance à l'âge de douze ans ; c'est le temps où germent les erreurs & les vices, sans qu'on ait encore aucun instrument pour les détruire ; & quand l'instrument vient, les racines sont si profondes qu'il n'est plus temps de les arracher.* Je vous entends. Avant l'âge de douze ans il est inutile de parler de vertu & de religion à un enfant, & après cet âge, cela est encore inutile.

Vous prétendez qu'un enfant n'est pas capable d'entendre un mot ni de fables, ni d'histoire, ni de géographie, ni de religion; vous soutenez même *qu'après deux ans de sphere & de cosmographie il croira nécessairement que le monde est un globe de carton.* Cependant votre Émile peut à peine bégayer que vous l'occupez de choses sérieuses. Vous le faites remonter jusqu'à la source & l'origine de l'inégalité; vous lui expliquez, vous lui démontrez la nécessité de la propriété, par des argumens d'une subtilité étonnante, & qui ne sont pas même à la portée des gens raisonnables. Tantôt les enfans sont, selon vous, incapables du plus simple raisonnement; tantôt ils raisonnent avec une extrême finesse. Vous tâchez de couvrir le ridicule de cette contradiction ; vous vous en prenez à la pauvreté de notre langue, qui, dites-vous, n'a point assez de termes pour rendre clairement vos pensées. Mais il faut avouer qu'une langue seroit bien riche, si elle pouvoit exprimer vos sentimens de maniere à les faire accorder entr'eux.

Mon dessein n'est pas de suivre votre marche pied-à-pied, & de combattre sérieusement votre plan d'éducation ; je ne combattrois que des rêves, même de votre aveu. Je réfuterois un tissu de grandes phrases vuides de sens pour la plûpart, d'idées creuses & d'opinions fantasques, qui n'ont pas l'ombre de vraisemblance, qui ne peuvent venir que d'une envie démesurée de se distinguer par quelque moyen que ce soit, & de donner du nouveau. Je ne veux pas perdre mon temps à réfuter toutes ces bisarreries, ainsi que vous avez perdu le vôtre à les écrire. Je passe d'un seul coup deux volumes entiers, & je viens au seul endroit de votre ouvrage qui mérite quelqu'attention, je veux dire à la profession de foi du Vicaire savoyard.

Il est bon de connoître d'abord le personnage que vous avez choisi pour mettre dans sa bouche les oracles que vous vous proposez de dicter à l'univers. Vous introduisez sur la scene un prêtre scandaleux, qui par les excès de sa jeunesse a forcé son Evêque à le chasser de son diocese. Ce prêtre débauché continue toujours à vivre dans les désordres qui l'ont fait chasser. Cependant il mene une vie exemplaire, il a des mœurs irréprochables. Il est catholique, & ses sentimens décelent un protestant déguisé. Il est prêtre de l'Eglise romaine, & il approuve des dogmes contraires à ceux que l'Eglise romaine enseigne. Quand il étoit persuadé de la vérité des mysteres de la religion, il disoit la messe avec légereté. Depuis qu'il a commencé à douter, il la célebre avec plus de vénération. Il se pénetre de la Majesté de l'Être suprême, depuis qu'il ne croit plus qu'elle soit présente sur nos autels. Il n'approche plus de la consécration sans se recueillir, depuis qu'il a abandonné le dogme de la présence réelle. Enfin ce personnage paroît dans ses discours & sa conduite si ridicule & si bisarre, qu'on est tenté de croire que c'est un prêtre de votre façon ; on trouve une si grande analogie entre sa maniere de penser, de parler & d'écrire, & la vôtre, qu'on a bien de la peine à être persuadé du contraire.

Je veux pourtant bien supposer le fait tel que vous le racontez. Voyons quelles leçons vous a données ce sage Mentor, ce digne Ecclésiastique, dont vous ne pouvez encore vous rappeller le souvenir sans être attendri. Voyons d'abord quel changement il a opéré en vous. *Ce qu'il y avoit en moi de plus difficile à détruire, étoit une orgueilleuse misantropie, une certaine aigreur contre*

tre les riches & les heureux du monde, comme s'ils l'eussent été à mes dépens. Il faut convenir que le bon prêtre n'a pas retiré de ses travaux tout le fruit qu'il pouvoit en attendre. Cette *aigreur* & cette *orgueilleuse misanthropie* dont vous parlez, n'ont pas été entierement déracinées de votre cœur; on le voit à la lecture de vos ouvrages. C'est sans doute que *quand l'instrument est venu, les racines étoient si profondes, qu'il n'étoit plus temps de les arracher*. Mais il pourroit bien aussi y avoir de la faute de la part de votre bon maître; il ne prenoit pas, ce me semble, les vrais moyens pour réussir. Il ne combattoit pas directement votre orgueil; il ne vous ôtoit pas l'estime de vous-même; il vous apprenoit à déplorer les erreurs de vos semblables & à les plaindre. Il tâchoit même de réveiller en vous un certain amour propre, qui vous portant à la fierté, rendoit les hommes encore plus vils à vos yeux, & ne faisoit qu'ajouter pour eux le

Q.

mépris à la haine. Ainsi il n'est pas étonnant si vous haïssez maintenant tous les hommes, & si vous avez pour eux un souverain mépris.

Le Vicaire savoyard prouve l'existence de Dieu; & en la prouvant il doute si la matiere ne seroit pas éternelle. *Y a-t-il un principe unique des choses, y en a-t-il deux ou plusieurs, & quelle est leur nature? Je n'en sais rien & que m'importe?..... que la matiere soit éternelle ou créée, qu'il y ait un principe passif, ou qu'il n'y en ait point, toujours est-il certain que le tout est un.* J'en demande pardon à M. le Vicaire; mais il me semble à moi qu'il ne peut pas y avoir plus de doute sur la création de la matiere que sur l'ordre du monde, dont il se sert avec raison pour prouver l'existence d'une cause premiere. L'existence n'est pas plus essentielle à la matiere que le mouvement; on conçoit qu'un corps peut ne pas exister, comme on conçoit qu'il peut ne pas se mouvoir. Le principe de l'existence de la matiere, ainsi que celui de son mouvement, n'est donc pas dans sa nature ; & comme elle reçoit le mouvement d'une cause étrangere, elle doit aussi en recevoir l'existence. Elle ne peut pas se donner l'un plûtôt que l'autre. Elle peut même beaucoup moins se donner l'existence que le mouvement, puisque pour se donner quelque chose, il faut d'abord exister. Je ne conçois pas comment le Vicaire peut se refuser à l'évidence de cette démonstration.

Il y a plus. Si la matiere étoit incréée, il seroit impossible de tirer de l'ordre du monde un argument en faveur de l'existence d'un premier être. En effet si la matiere existe de sa nature, elle a aussi de sa nature tout ce qui lui est nécessaire pour exister; & comme elle ne peut exister sans être modifiée de telle ou telle maniere, il faut que les modifications lui soient aussi essentielles que son existence même : car lui donner des modifications par abstraction, ce seroit, de votre aveu, dire des mots qui ne signifient rien. Mais l'ordre du monde ne consiste que dans les modifications de la matiere & les différentes combinaisons de ses parties. D'où il suit que si une fois l'existence étoit nécessaire à la matiere, l'ordre que nous voyons dans le monde seroit également nécessaire. C'est donc une contradiction palpable de trouver dans l'ordre du monde une preuve invincible de l'existence d'un premier être, & de douter que le monde eût été créé par ce premier être. Il faut dire au contraire, que comme il est plus clair que le jour, que l'ordre du monde n'est point essentiel à la matiere, puisque les modifications, dont cet ordre dépend, sont contingentes & variables, de même aussi il est plus clair que le jour, que l'existence, qu'on ne peut concevoir sans modifications, n'est pas non plus essentielle à la matiere; & que par conséquent cette existence ne peut être

Lettre cinquieme. 245

que l'effet d'une volonté puissante & libre; qui a produit la matiere telle que nous la voyons. Voilà comment le Vicaire auroit pu raisonner, s'il avoit pu être conséquent.

S'il a créé la matiere, les corps, les esprits, le monde, je n'en sai rien, l'idée de création me confond & passe ma portée. La création n'est pourtant pas si incompréhensible qu'on ne puisse répondre aux difficultés qu'on lui oppose. Quelle contradiction y a-t-il à supposer qu'un être qui n'existe pas encore, devienne existant par l'acte d'une volonté toute puissante? Qu'un être existe & n'existe pas tout à la fois; ou bien qu'il soit & ne soit pas dans le néant, dans un seul & même instant; je vois là une contradiction évidente. Mais qu'un être qui n'existoit pas dans l'instant précédent, commence à exister, il n'y a rien en cela qui passe votre portée & qui doive vous confondre. La difficulté qui vous effarouche si fort, n'est fondée que sur un faux principe, inventé par les anciens athées & adopté par les nouveaux. Comment pouvez-vous l'admettre aussi, vous qui, n'ayant rien de commun avec eux, n'avez aucun intérêt à être de leur avis ?

Ne me demandez pas si les tourmens des méchans seront éternels, je l'ignore, & n'ai point la vaine curiosité d'éclaircir des questions inutiles. Des questions inutiles ! quoi ! il n'est point intéressant pour vous de savoir si les méchans seront malheureux pendant toute une éternité ? Mais êtes-vous bien assuré que vous ne serez jamais du nombre des méchans ? Quel est celui qui peut toujours répondre de lui-même ? *Vous êtes bon*, dites-vous, *& vous avez le bonheur de le sentir.* Je le veux croire ; *mais*, dites-vous aussi, *combien de fois j'ai été tenté de ressembler au méchant !* Qui vous a dit qu'à force d'être tenté vous ne succomberez pas à la tentation ?

Que m'importe ce que deviendront les

méchans, je prends peu d'intérêt à leur fort? Mais, selon vous, *tous les hommes sont méchans*; est-ce que le malheur éternel du genre humain ne vous intéresse pas? Qu'est donc devenue cette sainte humanité dont vous parlez si souvent? *Le méchant n'est-il pas mon frere?* demandez-vous dans la page suivante; est-ce que vous ne prenez point de part au sort de votre frere? *qu'il soit heureux ainsi que moi, son bonheur ne fera qu'ajouter au mien.* Donc s'il est malheureux, son malheur doit diminuer votre félicité.

Si la justice suprême se venge, elle se venge dès cette vie; vous & vos erreurs, ô nations, êtes ses ministres; elle emploie les maux que vous vous faites à punir les crimes qui les ont attirés. La justice suprême se venge sans doute. La bonté inséparable de l'essence divine, est, selon vous même, l'amour de l'ordre. Or cet amour de l'ordre exige que le crime soit puni, comme il exige que la vertu soit récompensée. Dieu hait autant le mal qu'il aime le bien ; ainsi par la raison qu'il doit une récompense à celui-ci, il doit un châtiment à celui-là.

Mais comment accordez-vous ce passage avec ce que vous dites deux pages plus haut : *à considérer l'état présent des choses, le méchant prospere & le juste reste opprimé.... quand je n'aurois d'autre preuve de l'immortalité de l'ame que le triomphe du méchant, & l'oppression du juste en ce monde, cela seul m'empêcheroit d'en douter.* Si le méchant prospere en ce monde, s'il triomphe tandis que le juste est opprimé, la justice suprême ne se venge donc pas dès cette vie.

Pour que les calamités & les maux que le crime entraîne nécessairement après lui, en fussent la juste punition, il faudroit que ces maux tombassent sur tous les coupables, & ne tombassent que sur eux ; il faudroit en outre qu'ils fussent proportionnés au nombre & à l'énormité des crimes. Car si la justice divine se venge en ce monde, elle doit punir plus sévèrement de plus grands crimes, ou un plus grand nombre de crimes. Or il s'en faut bien que la chose soit ainsi. Le plus souvent c'est le juste, c'est l'innocent qui porte ici-bas la peine du crime, c'est l'homme de bien qui est opprimé & persécuté par le méchant. Celui-ci marche victorieux & triomphant, tandis que le premier ose à peine lever les yeux. La justice suprême n'emploie donc pas toujours à punir le crime, les maux qui en sont les suites.

Voilà, Monsieur, quelques-unes des réflexions qu'il y auroit à faire sur la premiere partie de votre profession de foi; laquelle est, selon vous, *la plus grande, la plus importante, la plus remplie de vérités frappantes & neuves*, & que vous dites être *destinée à combattre le matérialisme moderne, à établir l'existence de Dieu & la religion naturelle avec toute la force dont vous êtes capable.* (a) Si M. l'Archevêque de Paris n'en parle pas non plus que les prêtres, comme vous le leur reprochez si amérement, ce n'est pas qu'elle ne contienne bien des choses qui méritent leur censure; c'est qu'il n'est pas possible de vous suivre dans tous vos écarts; & que pour réfuter toutes vos erreurs, il faudroit faire des volumes plus gros que les vôtres. Vous dites que *la cause de Dieu ne nous touche guere, pourvu que celle du Clergé soit en sûreté.* Mais comment n'avez-vous pas senti le ridicule de cette accusation ? Si la cause de Dieu n'étoit pas en sûreté, celle du Clergé pourroit-elle y être ? Pensez-vous que les prêtres dussent jouer un grand rôle sur la terre, si la terre venoit à être peuplée d'athées ?

Vous ne voyez dans mon exposé que la religion naturelle, il est bien étrange qu'il en

_____

(a) Lettre à Mr de Beaumont, pag. 101.

faille une autre. Par où connoîtrai-je cette nécessité ? Quelle pureté de morale ; quel dogme utile à l'homme & honorable à son auteur puis-je tirer d'une doctrine positive, que je ne puisse tirer sans elle du bon usage de mes facultés ? Montrez-moi ce qu'on peut ajouter pour la gloire de Dieu, pour le bien de la société, & pour mon propre avantage aux devoirs de la loi naturelle, & quelle vertu vous ferez naître d'un nouveau culte, qui ne soit pas une conséquence du mien ?

J'accorde pour un moment que la profession de foi du Vicaire ne renferme rien que de vrai ; que tout ce qu'il dit est fondé sur les plus pures lumieres de la raison; qu'il développe admirablement les devoirs de la morale & les principes de la loi naturelle. J'accorde que les connoissances qu'il nous donne, sont les seules que Dieu puisse exiger de nous, & qui soient nécessaires à des êtres intelligens & raisonnables. C'est accorder beaucoup sans doute ; avec tout cela nous n'en serons pas plus avancés, & la révélation n'en sera pas moins nécessaire.

Ce que le Vicaire dit ici pourroit être vrai, si tout le monde pouvoit comme lui faire des professions de foi; mais malheureusement la plûpart des hommes ne sont pas même en état d'entendre celle qu'il a faire; & cela ne doit pas nous surprendre. Les vérités que le Vicaire étale avec tant d'emphase & d'éloquence, sont le fruit de ses plus profondes méditations. Que deviendront donc ceux qui ne sont pas capables de méditer si profondément? Il avoue qu'il *n'a pris son parti qu'après bien des années; qu'avant de le prendre il a passé par des temps de troubles & d'anxiété, où sans cesse errant de doute en doute, il ne rapportoit de ses longues méditations, qu'incertitude, obscurité, contradiction sur la cause de son être & sur la regle de ses devoirs. Il a été réduit à ne savoir plus que penser.*

Lettre cinquième.

Il a même été incrédule, & d'une incrédulité très-difficile à détruire. Souvent il s'est lassé dans ses recherches; la tristesse & l'ennui versant leur poison sur ses premieres méditations, les lui rendirent insupportables. Il s'est dit à lui-même: le bien moral n'est qu'une chimère, il n'y a rien de bon que les plaisirs des sens. Il auroit flotté toute sa vie dans une continuelle alternative, si de nouvelles lumieres n'eussent éclairé son cœur. Pour être de bonne foi il ne se croit pas infaillible; ses opinions qui lui semblent les plus vraies, sont peut-être autant de mensonges. Il a fait ce qu'il a pu pour atteindre à la vérité, mais sa source est trop élevée.

Or si ce bon prêtre, avec les lumieres & les talens, avec la sincérité, la bonne foi, l'amour de la vérité que vous lui connoissez, a eu tant de peine à parvenir à l'intelligence des vertus morales & des devoirs de la loi naturelle; si après tant de recherches & de si longues méditations, il a encore sujet de craindre de s'être trompé ; comment voulez-vous que le peuple, ce pauvre peuple, qui n'a ni son loisir, ni ses talens, ni ses lumieres, qui ne peut se dépouiller comme lui de ses préjugés, de ses passions, de ses erreurs, qui n'est pas même capable d'une attention sérieuse, comment, dis-je, voulez-vous que ce peuple puisse de lui-même découvrir les *vérités frappantes & neuves* que le Vicaire vient d'exposer?

Mais peut-être que le peuple pourra du moins apprendre des philosophes les vérités qu'il est incapable de découvrir par lui-même? Tout aussi peu ; le Vicaire nous assure encore que les philosophes ne peuvent ni trouver ces vérités, ni les enseigner aux autres. *Ils sont*, dit-il, *tous fiers, affirmatifs, dogmatiques ; ils n'ignorent rien, ne prouvent rien, ils se moquent les uns des autres, ils ne s'accordent que pour disputer. Les écouter n'étoit pas le moyen de sortir de* mon incertitude.... chacun se fraie une route qu'il croit la bonne, nul ne peut savoir si la sienne mene au but. Chacun sait bien que son système n'est pas mieux fondé que les autres ; mais il le soutient parce qu'il est à lui. Il n'y en a pas un seul qui, venant à connoître le vrai & le faux, ne préférât le mensonge qu'il a trouvé, à la vérité découverte par un autre.

Que deviendra donc le genre humain? Il ne peut connoître ses devoirs par lui-même; il n'est personne qui puisse les lui montrer; comment l'homme saura-t-il ce qu'il doit à Dieu, ce qu'il doit aux autres hommes, ce qu'il se doit à lui-même ? Comment sortira-t-il de cet état de doute & d'incertitude, que le Vicaire trouve si inquiétant, si pénible, si violent pour l'esprit humain, auquel il ne peut résister long-temps ? Le voilà donc le plus malheureux de tous les êtres! Ce qu'il pourra faire sera de dire avec le Prêtre savoyard; j'aime la vérité, je la cherche & ne puis la reconnoître ; qu'on me la montre & j'y demeure attaché. Pourquoi faut-il qu'elle se dérobe à l'empressement d'un cœur fait pour l'adorer ?

N'ayez donc plus d'inquiétude, Monsieur, sur le bien qu'une religion positive peut faire aux hommes, sur les vérités qu'elle peut leur apprendre, & les dogmes utiles qu'elle peut découvrir. Quand la Philosophie aura fait tous ses efforts & épuisé toutes ses lumieres, il restera encore beaucoup à faire pour la religion; dut-elle seulement détruire les erreurs que la premiere aura enfantées en cherchant la vérité.

Je considérois cette diversité de sectes qui regnent sur la terre ; & qui s'accusent mutuellement de mensonges & d'erreurs. Je demandois quelle est la bonne. Chacun me répondoit c'est la mienne, chacun disoit: moi seul & mes partisans pensons juste, tous les autres sont dans l'erreur. Nous venons de voir tout à l'heure qu'en considérant la diversité

versité des opinions qui regnent parmi les philosophes, on n'est pas moins embarrassé de savoir quelle est la bonne. Chacun d'eux se fraie une route qu'il croit la bonne. Ils ne s'accordent que pour disputer, ils s'accusent mutuellement de mensonges & d'erreurs, ils se contredisent sur les principes les plus fondamentaux, & dont la connoissance importe le plus au bonheur de l'espece humaine. Qu'il me soit permis de leur proposer ici une question également simple & intéressante. Je demande si mon ame est immortelle, si elle vivra éternellement, ou bien si elle doit un jour rentrer dans le néant ? *Mon entendement borné ne conçoit rien sans bornes*, répondez-vous. *Tout ce qu'on appelle infini m'échappe. Que puis-je nier, affirmer, quels raisonnemens puis je faire sur ce que je ne puis concevoir ? Avant de savoir si votre ame est immortelle*, dit un autre, *il faut d'abord savoir si vous avez une ame; & c'est de quoi vous ne pouvez* avoir aucune certitude. Votre ame ! dit un troisieme, vous n'en avez point. Votre ame c'est la moelle alongée, c'est l'épine du dos; ce sont les esprits animaux, c'est l'origine des nerfs qui partent du cerveau pour aller se terminer dans toutes les extrémités du corps, &c. Me voilà bien satisfait & bien éclairé sur une question de laquelle dépend toute la conduite de ma vie.

Et comment savez-vous que votre secte est la bonne ? Parce que Dieu l'a dit. Et qui vous a dit que Dieu l'a dit ? Mon pasteur qui le sait bien. Mon pasteur me dit d'ainsi croire, & ainsi je crois. Il m'assure que tous ceux qui disent autrement que lui mentent ; & je ne les écoute pas.

Cette réponse est bonne pour un protestant, qui n'a rien de mieux à dire, & dont la croyance n'est effectivement fondée que sur la seule autorité de son pasteur. Mais vous auriez tort de la mettre dans la bouche d'un catholique. Ce n'est point ainsi qu'il raisonne. Sa foi n'est point appuyée sur la parole de son Curé. L'Église dont il est membre a des signes certains, manifestes, frappans qui la distinguent de toutes les sectes, & la font reconnoître pour la seule véritable. Pour peu que l'on ait de bonne foi, il est impossible de s'y tromper. Les caracteres de divinité, dont elle est revêtue, se font sentir aux grands & aux petits, aux savans & aux ignorans. Il ne faut pas être grand philosophe pour les reconnoître, il ne faut avoir que du bon sens.

Pour nous en convaincre, nous n'avons qu'à comparer l'Église catholique avec les sociétés protestantes. Nous verrons qu'il n'est pas difficile de connoître *quelle est la bonne*. Le catholique croit sur la parole de l'Église; & sans doute la foi du fidele ne peut être fondée sur une autorité plus grande. Il sait que la société dont il est membre, est aujourd'hui la même que celle qui existoit dans les premiers temps du christianisme, qui fut fondée par Jesus-Christ & ses Apôtres, qui depuis ce temps n'a cessé de subsister & de former un corps séparé de tous ceux qui se sont élevés dans la suite des temps. Il sait que les Évêques, les Pasteurs, les Prêtres auxquels il est soumis, sont les successeurs des Évêques, des Pasteurs, des Prêtres qui gouvernoient les premiers fideles, que par conséquent l'Église, à laquelle il appartient, n'est autre chose que celle qui a été établie par Jesus-Christ même. Il ne faut pas avoir une érudition bien vaste pour savoir tout cela. Il n'est point de catholique qui ne le sache, il n'est point de chrétien qui ne puisse le savoir.

On ne peut pas dire la même chose des Églises protestantes. Un calviniste ne sauroit remonter à l'origine de sa société, sans y trouver sa condamnation. Il ne peut songer à Calvin sans penser qu'avant lui il n'y avoit point de calvinistes, que par conséquent ceux-ci ne remontent pas jusqu'aux Apôtres, & ne sont pas l'Église établie par leur ministère. D'un autre côté le chef de cette société n'avoit aucun droit de l'établir. Il n'avoit point reçu de mission de l'Église catholique, puisqu'elle l'a frappé d'anathême sitôt qu'il a commencé à dogmatiser; il n'en avoit point reçu de Dieu immédiatement, puisqu'il n'a fait aucun miracle pour prouver qu'il étoit son envoyé. Il n'est donc pas difficile de voir que la secte des calvinistes n'est pas *la bonne*.

Je pourrois développer cette démonstration & la pousser jusqu'à la dernière évidence. Mais outre qu'un grand nombre d'auteurs l'ont fait avant moi, mon dessein n'est pas de prouver dans mes lettres ni la divinité du christianisme, ni la vérité de l'Église catholique. Ce n'est pas la foi que je venge, c'est la raison; ce n'est pas au chrétien que je parle, c'est à l'homme.

Le Vicaire savoyard fait une histoire ridicule & scandaleuse de sa vie libertine. Voici comment il parle de la manière dont il parvint à la prêtrise. J'appris ce qu'on vouloit que j'apprisse, je dis ce qu'on vouloit que je dise, je m'engageai comme on voulut, & je fus fait prêtre. Mais je ne tardai pas à sentir qu'en m'obligeant de n'être pas homme, j'avois promis plus que je ne pouvois tenir. Nous voyons pourtant dans le même volume que *le besoin des sens n'est point proprement un besoin physique, qu'il n'est pas vrai que ce soit un vrai besoin. Si jamais, poursuivez-vous, objet lascif n'eut frappé nos yeux, si jamais idée déshonnête ne fut entrée dans notre esprit; jamais peut-être ce prétendu besoin ne se fut fait sentir à nous, & nous serions demeurés chastes, sans tentations, sans efforts & sans mérite.* Vous êtes même persuadé qu'il est possible de mourir vierge à quelqu'âge que l'on soit parvenu. Le Vicaire incontinent n'avoit donc pas promis à son ordination plus qu'il ne pouvoit tenir. Il pouvoit être fidele à sa promesse, sans cesser d'être *homme*.

Revenons à Émile. Vous craignez qu'il n'imite les désordres du Prêtre savoyard, c'est pourquoi vous ne voulez pas qu'il s'engage à n'être pas homme. Vous pensez au contraire sérieusement à le marier. Dans cette vue vous parcourez avec lui les grandes villes de l'Europe pour lui trouver une femme. En sortant de Paris vous faites vos adieux à cette capitale ; & ils sont curieux : *adieu donc Paris, ville de bruit, de fumée & de boue, où les femmes ne croient plus à l'honneur, ni les hommes à la vertu.*

Dans le monde entier vous ne trouvez pas une femme qui puisse convenir à Émile. C'est pourquoi vous lui en créez une. Pour la former vous entrez dans de longues discussions sur les passions, sur l'amour, sur la différence des sexes, sur la génération, &c. & ces discussions, comme on doit s'y attendre, sont souvent scandaleuses, quelquefois indécentes, & toujours ridicules.

Vous voulez apprendre à cette femme son catéchisme, & vous commencez, comme de juste, à crier contre tous les catéchismes qui sont en usage. *Ils portent nécessairement à être impie ou fanatique.* Vous en faites un exprès pour les jeunes filles. Cette demande qui se trouve dans la plûpart des nôtres: *Qui vous a créée & mise au monde?* vous paroît trop compliquée, trop difficile à entendre, & évidemment au-dessus de la portée des enfans. Pour l'éclaircir, vous lui substituez une longue suite de questions qui sont fort plaisantes; on peut en juger par la première: *Vous souvenez-vous du temps que votre mere étoit fille?* Après bien du barbouillage & du galimathias, le tout se termine par apprendre à la petite que sa mere a été petite, & puis qu'elle est devenue grande, & puis femme, & puis mere, & puis vieille, & puis qu'elle est morte. Et que de même elle, qui est actuellement petite, deviendra grande, & puis qu'elle sera

Lettre cinquième. 265

femme, & puis qu'elle sera mere, & puis qu'elle sera vieille, & puis qu'elle mourra, & qu'elle aura des enfans qui en feront autant. Doctrine admirable pour une petite fille, & qui explique parfaitement la question proposée : *Qui vous a créée & mise au monde ?*

Émile n'est point homme comme les autres hommes. Il ne lui faut donc pas une femme comme les autres femmes. Sophie, (c'est le nom de celle qui lui est destinée) Sophie n'a aucun des défauts ordinaires aux personnes de son sexe. Sans passions & sans vices, elle a tous les talens, toutes les vertus, toutes les perfections, elle les a dans un degré éminent. Mais comme il faut qu'elle soit extraordinaire en toute chose, sa vertu même est d'un nouveau genre; elle n'a rien de commun avec celle des ames vulgaires. Sophie a des distractions, Sophie a de l'impatience, Sophie est triste & rêveuse, elle se cache pour pleurer. Il lui faut..... quoi ? il lui faut *un amant*. La vertueuse Sophie *a besoin d'aimer*. Il faut donc la marier. Mais ce n'est pas tout ; l'embarras est de lui trouver un mari qui lui convienne. Il n'y en a qu'un seul qu'elle puisse aimer, qu'un seul qu'elle puisse rendre heureux, qu'un seul avec qui elle puisse être heureuse. Ce mari quel est-il ? c'est Télémaque. Télémaque a fait tourner la tête à Sophie. *Elle aime Télémaque, elle l'aime avec une passion dont rien ne peut la guérir. L'infortunée surchargée de sa peine secrete, ne cherche qu'à s'épancher. Sa tristesse est sans remede, ses pleurs ne peuvent tarir; elle marche à pas lents vers la mort, elle descend dans la tombe au moment qu'on croit l'entraîner à l'autel.* Voilà, Monsieur, comme vous êtes toujours dans le pays des chimeres. Vous imprimez toutes les extravagances qui vous tombent dans la tête; & vous appellez cela donner un plan d'éducation. Il y a dans votre préface un titre qui conviendroit mieux à la tête du livre, que celui que vous y avez mis. Vous auriez dû l'appeller *les rêveries d'un visionnaire sur l'éducation*.

Votre dernier volume est rempli d'histoires galantes; vous y peignez l'amour, ses desirs, ses mouvemens, ses soupirs, ses transports, ses illusions, son délire. Ces images charmantes vous enivrent vous même; vous vous sentez saisi d'un ravissement qui fait palpiter votre cœur. Des larmes de joie coulent de vos yeux. Vous entrez avec complaisance dans le détail de tous les petits maneges des amans; vous racontez fort au long leurs visites, leurs promenades, leurs rendez-vous, leurs tête-à-tête, leur jalousie, leurs dissentions, leurs querelles leurs brouilleries. Vous parlez aussi des baisers sur la robe, des baisers sur la main, des baisers sur la joue, des baisers sur la bouche; Vous n'oubliez pas même l'envie qu'a la vertueuse Sophie d'étaler aux yeux d'Emile *une fine jambe*. Tout cela est très-curieux, très-intéressant, très-instructif, sur-tout pour les jeunes instituteurs qui lisent votre traité d'éducation.

Je passerai sous silence ce que vous dites de la nature, de l'origine & des différentes formes de gouvernement. Vos idées sur cet objet sont dans votre Émile, ainsi que dans le contrat social où vous les développez, si vagues, si obscures, si abstraites, si métaphysiques, qu'elles paroissent entierement inintelligibles. Elles sont d'ailleurs exprimées en termes scientifiques, que la plûpart de vos lecteurs ne sont pas obligés d'entendre, & qui ne sont point analogues au sujet que vous traitez. Pour vous entendre parler de politique, il faut être algébriste de profession; il faut savoir ce que c'est que raison, proportion, proportionalité, progression, progression arithmétique, progression géométrique, ce que c'est que raison simple, raison composée, raison doublée, raison triplée, raison directe, raison inverse ; ce que c'est qu'un quarré, un cube, une racine, une racine quarrée, une racine cubique ; ce que c'est qu'un exposant, un coefficiant, un extrême, un moyen terme, une moyenne proportionnelle, &c. &c. Il faut, dis-je, savoir tout cela pour vous entendre, & quand on le saura, on ne vous entendra pas encore.

Voilà donc, Monsieur, ce livre dont il faut chérir & honorer les rêveries mêmes ; ce livre qui devoit élever à son auteur tant de statues. Le public ne l'a pas jugé ainsi ; aussi dites-vous que le public est un sot qui va flottant sur votre compte, qui tantôt vous aime & tantôt vous abhorre sans savoir pourquoi. Vous entreprenez l'apologie de votre ouvrage dans votre lettre à M. de Beaumont. Il faut convenir que vous seriez justifié de la maniere la plus complette, si les injures pouvoient tenir lieu de justification. Cette lettre est remplie de fiel ;

elle ne respire que haine, animosité, vengeance. Vous paroissez toujours être indigné contre tout le genre humain. A chaque page vous invectivez contre toutes les Puissances, contre les chefs de l'Église, contre ceux de la Magistrature, contre les hommes de tous les états & de toutes les conditions.

A vous entendre, tous les maîtres préposés à l'enseignement public, sont des *professeurs de mensonges* ; tous les auteurs sont des charlatans qui se font un jeu de tromper les hommes. Il n'y a qu'un seul auteur au monde qui ait de la bonne foi, & cet auteur c'est vous. *Mes ennemis auront beau faire avec leurs injures, ils ne m'ôteront point l'honneur d'être un homme véridique en toute chose, d'être le seul auteur de mon siecle & de beaucoup d'autres, qui ait écrit de bonne foi, & qui n'ait dit que ce qu'il a cru.* Ainsi quand vous ne serez plus, la bonne foi sera bannie du monde entier.

Il est assez difficile de deviner ce qui a pu vous donner tant d'humeur, & vous indisposer si fort contre tout le genre humain. Je sais bien qu'en général on ne fait pas grand cas de votre Émile; mais comme nous l'avons déjà remarqué, votre préface annonçoit que vous même n'en aviez pas une haute idée. S'il est vrai que vous soyiez *un homme véridique en toute chose*, que vous écriviez toujours *de bonne foi*, & que *vous ne disiez que ce que vous croyez*, comment pouvez-vous nous faire un crime de penser sur votre ouvrage comme vous-même? Pourquoi ne voulez-vous pas que le jugement que vous en portez soit confirmé par celui du public?

Les injures dont vous accablez tous ceux qui se sont avisés de ne pas regarder votre livre comme *le meilleur dans le siecle où vous l'avez publié*, trahissent vos sentimens, & font voir que vous n'êtes pas un auteur aussi *véridique* que vous voulez le paroître ici. Le ton de modestie avec lequel vous avez parlé de cet ouvrage, n'étoit, comme vous nous forcez à le croire, qu'un raffinement de l'orgueil. Vous en avez dit du mal dans l'espérance que d'autres en diroient du bien; vous avez été trompé dans votre attente, & voilà ce qui a piqué jusqu'au vif votre amour-propre. Ce sont-là des vérités dures, je le sens bien. Mais j'aime mieux dire des vérités dures que d'augmenter le nombre de ces *charlatans qui se font un jeu de tromper les hommes.* Du moins vous ne m'accuserez pas d'être ici de mauvaise foi, & vous conviendrez que j'ai aussi *l'honneur d'être un homme véridique.*

Je suis, &c.

LETTRE SIXIEME.

Observations sur les Lettres écrites de la montagne, & sur la nouvelle Héloïse.

JE crois, MONSIEUR, avoir tenu la promesse que j'ai faite de montrer qu'en voulant dogmatiser à votre maniere, vous avez donné dans des écarts qui vous deshonorent, & que l'on auroit peine à croire, si on ne les voyoit de ses yeux. Je ne puis plus rien dire qui étonne le lecteur; d'après ce qu'il a vu jusqu'à présent, il doit s'attendre à tout. Ainsi je passerai légerement sur vos autres productions.

Les ouvrages dont nous venons de parler, ont donné lieu à de nouveaux ouvrages. Ils ont été attaqués, condamnés, lacérés, brûlés; Il a fallu faire leur apolo-

S

gie. C'est à quoi vous avez consacré vos lettres écrites de la montagne. On ne peut vous soupçonner d'avoir manqué de zele dans cette occasion. C'est votre propre cause que vous aviez à défendre, & vous l'avez soutenue avec toute la force & toute l'éloquence dont vous étiez capable. Si vous aviez eu pour vous le bon droit & la raison, votre justification eut été sans doute pleine & entiere. Aussi paroissez-vous avoir une confiance singuliere; vous avertissez même votre lecteur de se tenir sur ses gardes, & de ne vous accorder une fois raison, que quand vous l'aurez dix fois.

Cependant quand on vient à examiner les motifs sur lesquels vous vous appuyez pour justifier votre personne & vos livres, on est étonné de ne trouver que des discours vagues, des distinctions subtiles, des déclamations indécentes contre vos juges, vos accusateurs & vos concitoyens, de grandes exclamations, de grands lieux communs,

& tout ce qui tient lieu de raisons à ceux qui n'en ont point.

On peut en juger par la maniere dont vous justifiez la profession de foi du Prêtre catholique, c'est-à-dire, celui de vos écrits qui demandoit l'examen le plus réfléchi & le plus profond, que l'on trouve plein de blasphêmes & d'impiétés, & dans lequel vous êtes accusé de détruire les dogmes du christianisme, de rejetter les miracles & les prophéties, d'anéantir toute religion. Il faut vous entendre vous-même : „ Un „ examen suivi sur ce point de vue seroit „ de ma part une indignité. Je croirois „ outrager l'auteur, l'éditeur, le lecteur „ même par une justification d'autant plus „ honteuse qu'elle est plus facile. C'est dé- „ grader la vertu que de montrer qu'elle „ n'est pas un crime. C'est obscurcir l'é- „ vidence, que prouver qu'elle est la vé- „ rité. Non, lisez & jugez vous-même. „ Malheur à vous si durant cette lecture

« votre cœur ne bénit pas cent fois l'hom-
» me vertueux & ferme, qui ose instruire
» ainsi les humains. Eh ! comment me ré-
» soudrois-je à justifier cet ouvrage ? moi
» qui crois effacer par lui les fautes de ma
» vie entière ; moi qui mets les maux qu'il
» m'attire en compensation de ceux que
» j'ai faits ; moi qui, plein de confiance,
» espere dire un jour au Juge suprême : dai-
» gne juger dans ta clémence un homme
» foible. J'ai fait le mal sur la terre, mais
» j'ai publié cet écrit.

Je crains fort, Monsieur, que votre priere ne soit point exaucée ; & que le Juge suprême ne vous réponde dans sa colere : c'est parce que tu as publié cet écrit que tu es indigne de ma clémence. Tu as mis par lui le comble à tes iniquités ; retire-toi, & vas subir la peine destinée aux impies & aux blasphêmateurs.

Vous ne vous en tenez pas là. Vous vous comparez modestement à Jesus-Christ, vos

Lettre sixieme. 277

livres à l'Évangile, les Prêtres qui les ont censurés aux Pharisiens qui calomnioient les œuvres les plus saintes de ce divin Sauveur, vos ennemis à ces ames infernales qui l'accuserent, le condamnerent & le crucifierent. Il n'est personne sans doute qui ne sente la justesse de cette comparaison; peut-on s'empêcher de voir en vous un second libérateur persécuté pour avoir voulu sauver les hommes du déluge d'erreurs & de crimes qui inondoit le monde ?

Au lieu de ce langage insensé, qui ne peut convenir qu'à un écrivain fanatique & enthousiaste, au lieu de ces grandes phrases qui ne prouvent rien, & dont le ridicule saute aux yeux, il falloit en venir au fait, & prouver ou que les passages contraires à la religion qu'on dit être dans votre livre n'y sont point en effet, ou du moins qu'ils n'y ont pas le sens qu'on leur donne. Vous n'avez fait ni l'un ni l'autre. Vous n'êtes donc pas justifié.

Vous essayez pourtant une fois de prouver que vous n'avez point dit une chose que vos adversaires veulent que vous ayiez dite : „ Vous me demanderez peut-être
„ comment on peut accorder cette doctri-
„ ne avec celle d'un homme qui dit que
„ l'Évangile est absurde & pernicieux à la
„ société ? En avouant franchement que
„ cet accord me paroît difficile, je vous
„ demanderai à mon tour où est cet hom-
„ me qui dit que l'Évangile est absurde &
„ pernicieux. Vos Messieurs m'accusent de
„ l'avoir dit, & où ? dans le contrat social
„ au chapitre de la religion civile. Voici
„ qui est singulier, dans ce même livre &
„ dans ce même chapitre, je pense avoir
„ dit précisément le contraire. Je pense
„ avoir dit que l'Évangile est sublime &
„ le plus fort lien de la société. Je ne veux
„ pas taxer ces Messieurs de mensonge ;
„ mais avouez que deux propositions si
„ contraires dans le même livre & dans le

Lettre sixieme. 279

» même chapitre, doivent faire un tout
» bien extravagant.

Cette raison, Monsieur, pourroit servir à la justification d'un auteur qu'on sauroit être d'accord avec lui-même, & qui seroit conséquent dans ses principes. Mais elle ne peut rien prouver en faveur de celui qui s'est toujours fait un jeu de dire oui & non, non-seulement dans le même livre & dans le même chapitre, mais souvent dans la même page. Si le raisonnement que vous faites ici étoit juste, vous pourriez avancer hardiment que vous n'avez rien dit de tout ce que vous avez dit ; car vous n'avez rien dit, dont vous n'ayez dit aussi le contraire. Je conviens avec vous que des propositions contraires dans le même ouvrage & dans le même chapitre, font un tout bien extravagant. Mais voyons pourtant si ces propositions ne se trouveroient pas dans le chapitre même dont vous parlez.

Vous convenez que vous avez dit dans

le contrat social, au chapitre de la religion civile, que *l'Évangile est sublime & le plus fort lien de la société*. Il ne s'agit donc plus que d'examiner si dans le même chapitre vous n'avez pas dit aussi que l'Évangile est *pernicieux à la société*. On y lit d'abord ces mots: *Ce fut dans ces circonstances que Jesus vint établir sur la terre un royaume spirituel; ce qui séparant le systême théologique du systême politique, fit que l'état cessa d'être un, & causa les divisions intestines qui n'ont jamais cessé d'agiter les peuples chrétiens..... Comme il y a toujours eu un Prince & des loix civiles, il a résulté de cette double puissance un perpétuel conflict de jurisdiction, qui a rendu toute bonne politique impossible dans les Etats chrétiens.* Je vous demande maintenant, Monsieur, si ce qui détruit l'unité dans un État, ce qui cause des divisions intestines, qui ne cessent d'agiter les peuples, ce qui introduit un perpétuel conflict de jurisdiction

Lettre sixieme.

& rend toute bonne politique impossible, n'est pas *pernicieux à la société ?*

Vous distinguez ensuite trois sortes de religion. *La premiere sans temple, sans autel, sans rites, bornée au culte purement intérieur du Dieu suprême, & aux devoirs éternels de la morale, est la pure & simple religion de l'Evangile..... c'est la religion de l'homme ou le christianisme,* non pas celui d'aujourd'hui, mais celui de l'Evangile qui en est tout-à-fait différent. Vous ajoutez: *Mais cette religion n'ayant nulle relation particuliere avec le corps politique, laisse aux loix la seule force qu'elles tiennent d'elles-mêmes sans leur en ajouter aucune autre. Et par-là un des grands liens de la société particuliere reste sans effet. Bien plus ; loin d'attacher les cœurs des citoyens à l'Etat elle les en détache, comme de toutes les choses de la terre ; & je ne conçois rien de plus contraire à l'esprit social.* Eh bien, Monsieur, ce qui est si contraire à l'esprit social, ce qui détache de l'État les cœurs des citoyens, n'est-il pas *pernicieux à la société ?*

Ce n'est pas tout. Vous prétendez qu'*une société de vrais chrétiens* est impossible, parce qu'elle *ne seroit plus une société d'hommes*, que *même cette société supposée, à force d'être parfaite manqueroit de liaison*, & que *son vice destructeur seroit dans sa perfection même.* Vous prouvez tout cela par la constitution du christianisme, & l'énumération des vertus évangéliques. *Le christianisme*, ajoutez-vous, *ne prêche que servitude & dépendance; son esprit est trop favorable à la tyrannie pour qu'elle n'en profite pas toujours. Les vrais chrétiens sont faits pour être esclaves.* Convenez, Monsieur, que ces propositions, jointes à celle dont nous venons de parler, *l'Evangile est le plus fort lien de la société*, font dans un même chapitre *un tout bien extravagant;* & qu'aulieu d'avoir dans cet endroit *dix fois raison*, vous pourriez bien au contraire avoir dix fois tort.

Dans votre traité des spectacles, c'est-à-dire, dans le seul de vos ouvrages qui auroit pu être de quelqu'utilité, si en proscrivant un exercice pernicieux pour les mœurs, vous n'en préconisiez pas un autre non moins pernicieux, & si on n'y rencontroit pas de temps en temps des peintures scandaleuses, qui seules peuvent faire plus de mal que le reste du livre ne peut faire de bien; dans votre traité des spectacles vous entreprenez l'apologie des Ministres de Genève. Ce sont de vénérables Pasteurs, zélés pour la pureté de la doctrine, orthodoxes en tout, bien éloignés de soutenir l'hérésie de Socin & d'Arius; leur foi sur la Trinité est irréprochable; c'est les calomnier que de vouloir répandre sur leur croyance le moindre nuage. Dans vos lettres de la montagne *ce sont de singulieres gens que ces Ministres. On ne sait ni ce qu'ils croyent, ni ce qu'ils ne croyent pas; on ne sait pas même ce qu'ils font semblant de croire. Leur seule maniere d'établir leur foi est d'attaquer celle des autres. Aulieu de s'expliquer sur la doctrine qu'on leur impute, ils pensent donner le change aux autres Eglises en cherchant querelle à leur propre défenseur.* C'est-à-dire, Monsieur, que l'amour de la vérité n'a jamais dirigé votre plume, & qu'elle a toujours été conduite par l'intérêt personnel. Quand les Ministres de Geneve étoient bien avec vous, ils étoient de dignes Pasteurs ; depuis que vous êtes brouillés ensemble, ce sont des impies.

Il n'est pas rare de voir aujourd'hui des philosophes rejetter les miracles de l'Évangile, & la religion appuyée sur ces miracles ; mais on n'avoit encore vu personne admettre la réalité & la divinité des miracles de Jesus, admettre la divinité du christianisme fondé sur ces miracles, & nier en même temps que les miracles tout divins qu'ils font, soient une preuve de la divinité du christianisme. Ce paradoxe bisarre ne pouvoit être réservé qu'à vous seul. Mais vous allez encore plus loin; car non-seulement les miracles ne sont point, selon vous, une preuve de la vérité de la religion, ils prouvent en outre contr'elle, & sont un grand obstacle aux progrès du christianisme. *Otez les miracles de l'Evangile, toute la terre est aux pieds de Jesus-Christ. Peu s'en faut que ces miracles ne vous empêchent vous-même de croire en lui. Je ne sais pas bien ce que pensent au fond de leur cœur ces bons chrétiens à la mode ; mais s'ils croient à Jesus par ses miracles, moi j'y crois malgré ses miracles. Enfin la foi de ceux qui croient sur les miracles sera toujours très-suspecte.* Voilà sans doute des assertions absurdes; car il est bien étrange que des miracles reconnus pour vrais & pour divins soient une raison de suspecter une croyance appuyée sur leur témoignage.

On vous accuse d'avoir rejetté la priere. Vous niez le fait. Mais ce qu'il y a de singulier, c'est que vous rejettez la priere dans l'endroit même où vous dites ne l'avoir jamais rejettée. Vous appellez la priere *des vœux intéressés & mercénaires.* Vous dites que les Anges ne prient point & ne demandent rien. Vous dites que la meilleure maniere de prier est de mériter d'obtenir. Vous dites qu'une vie pure & sainte vaut mieux que la priere, & que *qui fait le plus est quitte du moins.* Si c'est-là admettre la priere, je ne sais comment on doit s'exprimer quand on veut la rejetter.

Je n'en dirai pas davantage sur vos lettres de la montagne. Je ne serai pas long non plus sur votre roman de la nouvelle Héloïse. Tout le mal que je pourrois en dire seroit au-dessous de celui que vous en avez dit vous-même. Il est fait de votre

Lettre sixieme. 287

aveu pour nourrir & perpétuer la corruption du siecle. *Il faut*, dites-vous, *des romans aux peuples corrompus. J'ai vû les mœurs de mon temps & j'ai publié ces lettres. Ce livre doit scandaliser les honnêtes femmes. Quant aux filles, celle qui en osera lire une page est une fille perdue.... puisqu'elle a commencé, qu'elle acheve de lire, elle n'a plus rien à risquer.*

Tout cela ne vous empêche pas néanmoins d'entreprendre l'apologie du livre. *Que si après l'avoir lu tout entier, quelqu'un m'osoit blâmer de l'avoir publié, qu'il le dise s'il le veut à toute la terre, mais qu'il ne vienne pas me le dire, je sens que je ne pourrois de ma vie estimer cet homme là.* J'ai lu le livre tout entier, & j'ose vous blâmer de l'avoir publié. Je ne le dis pas à toute la terre, mais je vous le dis à vous-même, au risque de n'être jamais estimé de vous. Je sais bien qu'après avoir inspiré dans les premieres parties le poison de la volupté, après l'avoir fait entrer dans l'ame par tous les moyens imaginables, vous feignez à la fin du livre de vouloir apporter le remede. Mais c'est bien ici que l'on peut dire avec vérité : *quand l'instrument vient, les racines sont si profondes qu'il n'est plus temps de les arracher.* Et pour me servir encore de vos expressions, *c'est commencer par mettre le feu à la maison pour faire jouer les pompes.*

Vos personnages sont toujours singuliers. Le principal de ceux que vous introduisez ici sur la scene est une ame basse, un vil instituteur, qui abuse de la maniere du monde la plus indigne, de la confiance dont il est honoré ; qui emploie à corrompre une jeune écoliere le temps destiné à son instruction. Il la séduit au point qu'elle s'oublie entierement, qu'elle perd toute pudeur, tout sentiment, tout honneur. Il lui inspire une passion qui lui fait tourner la tête ; elle devient furieuse, insensée, extravagante,

travagante, ainsi que son instituteur.

Cette héroïne ne seroit point assez bizarre, si à une passion furieuse elle ne joignoit une piété ridicule, si elle n'allioit l'enthousiasme de la dévotion avec l'excès du libertinage. *Rien de terrestre ne peut suffire au besoin d'aimer dont elle dévorée. C'est un excès de sensibilité qui est forcé de remonter à sa source...... C'est un cœur vraiment intarissable qui porte ses affections surabondantes au seul être digne de les absorber.* D'un autre côté cette pieuse libertine avoue qu'elle n'a & ne peut avoir pour cet être aucune affection. *On a beau faire,* dit-elle souvent, *le cœur ne s'attache que par l'entremise des sens, ou de l'imagination qui les représente, & le moyen de voir ou d'imaginer l'immensité du grand être?*

Parmi les témoignages fades & insipides d'amour & de fidélité, que se donnent & se redonnent sans cesse l'instituteur & l'écoliere, on trouve de temps en temps quel-

T

ques descriptions simples & naturelles. Je vais en mettre une sous les yeux du lecteur ; s'il en fait lui-même l'application, ce ne sera pas à moi qu'il faudra vous en prendre : on voit, dites-vous, *des gens qui pensent de leur espece aussi mal qu'il est possible ; toujours philosophant tristement, toujours dégradant la nature humaine, toujours cherchant dans quelque vice la cause de tout ce qui se fait de bien, toujours d'après leur propre cœur médisant du cœur de l'homme*, &c.

Julie a une cousine, & cette cousine joue toute sorte de rôles. Tantôt elle fait la dévote & la prêcheuse, tantôt elle entre avec complaisance dans les vues des deux amans & leur ménage des tête-à-tête. Julie la consulte pour savoir si elle doit donner le coup de la mort à son pere & à sa mere, en abandonnant la maison paternelle pour fuir avec son amant. La prêcheuse n'ose hazarder un avis sur une question aussi embarrassante. Tout ce qu'elle peut faire dans cette circonstance critique est de répondre que si les amans s'en vont, elle s'en ira aussi & les suivra.

Julie est forcée de se marier ; & on doit s'attendre que le mari qu'elle aura, sera encore un être extraordinaire. M. de Wolmar (c'est ainsi qu'on le nomme) est l'homme du monde le plus sage, le plus raisonnable, le plus exempt de toute espece de vice, le moins soumis à l'empire des passions. Pere tendre, époux fidele, ami généreux, maître équitable & humain, il possede toutes les vertus, il les possede dans un souverain degré ; c'est un prodige, & ce prodige est un incrédule, un athée, un pyrrhonien, un pyrrhonien opiniâtre, entêté, incorrigible, que les raisons les plus claires & les plus évidentes ne peuvent convaincre.

L'amant de Julie voyant sa maîtresse passer entre les bras de son rival, ne trouve de ressource que dans son désespoir. Il accumule raisonnement sur raisonnement, pour prouver qu'il lui est permis de se délivrer d'une vie qui lui est à charge, & fait une longue lettre pour justifier le suicide. Un nouveau personnage est introduit sur la scene; il fait semblant de lui répondre & de réfuter ses raisons. Le premier soutient que quand la vie est un mal pour nous, & n'est un bien pour personne, il est permis de nous donner la mort. Le second le réfute, en disant qu'il ne nous est pas permis de nous donner la mort, quand la vie n'est pas un mal pour nous, ou qu'elle peut être un bien pour d'autres. Le premier prouve par l'exemple de plusieurs grands hommes que c'est quelquefois un acte de courage de se tuer. Le second le réfute, en disant que c'est un acte de lâcheté pour ceux qui ne ressemblent pas à ces grands hommes. Le premier dit que nous sommes excusables de mettre nous-mêmes fin à nos maux en terminant une vie malheureuse, quand nous sommes assurés que ces maux sont sans remede. Le second le réfute, en disant que nous ne pouvons mettre ainsi fin à nos maux, quand il y a lieu d'espérer que ces maux finiront autrement. Enfin le premier soutient qu'il est certains cas où il est permis à un homme de se tuer, & le second soutient qu'il est aussi des cas où il n'est pas permis à un homme de se tuer. Peut-on répondre d'une maniere plus satisfaisante?

Vous appellez sophismes les raisonnemens dont nous nous servons pour prouver que le suicide est un crime; & vous n'opposez vous-même à ces raisonnemens que de misérables sophismes qui font pitié, malgré les fleurs que vous répandez sur eux avec profusion, malgré les ornemens que vous avez soin de prodiguer pour en couvrir la foiblesse & le ridicule. Vous demandez s'il n'est pas permis de s'ôter la vie comme de se couper un bras ? On peut vous répondre qu'il n'est permis de se couper un bras que parce qu'il est ordonné de conserver sa vie, même au dépens de ce bras. Vous demandez s'il n'est pas permis de sortir du monde dans lequel Dieu nous a placés, comme il est permis de sortir de la ville où il nous a fait naître. On peut vous répondre qu'il nous a donné des jambes pour sortir de notre ville, & qu'il ne nous en a point donné pour sortir du monde. Vous demandez s'il n'est pas permis à un esclave de quitter un habit qui le gêne. Oui, mais reste à savoir si la vie n'est pas plus qu'un habit. Vous demandez s'il n'est pas permis de se guérir de la vie comme de la goute. Non, car nous naissons pour vivre & non pour avoir la goute. Vous demandez si c'est une lâcheté d'imiter les Brutus, les Cassius, les Caton & plusieurs autres grands hommes qui se sont donné la mort. Je vous demande à mon tour si vous croyez pouvoir les imiter en tout? Je demande si l'on n'a pas vu de grands hommes commettre de grands forfaits, & être dominés par de grands vices? Je demande si Socrate n'étoit point un grand homme, ou si vous voudriez justifier toutes les passions de Socrate?

Les maximes des chrétiens sur le suicide ne sont pas, dites-vous, *tirées des principes de leur religion, mais des philosophes payens. Les fideles qui croient suivre en cela l'autorité de l'Évangile, ne suivent que celle de Platon. Il n'y a pas dans toute la Bible une loi contre le suicide, ou même une simple improbation.*

Mais, Monsieur, le précepte du Décalogue *non occides*, ne défend-il pas généralement, & sans aucune exception, de tuer? Ne comprend-il pas tous les hommes, & celui qui se tue, ne tue-t-il pas un homme?

Si ce commandement doit être pris à la

lettre, il ne faut tuer ni les malfaiteurs ni les ennemis ; & Moyse qui fit tant mourir de gens, entendoit fort mal son propre précepte.

C'est vous-même, Monsieur, qui l'entendez mal ; il n'est permis à qui que ce soit de tuer de sa propre autorité, ni les malfaiteurs, ni les ennemis. Ce pouvoir n'appartient qu'à celui qui est l'arbitre suprême de la vie & de la mort. Si les Princes font mourir les ennemis de l'État, ou ceux de leurs sujets qui troublent la société, c'est uniquement parce qu'ils en ont reçu de Dieu le pouvoir. Si Moyse lui-même a tant fait mourir de gens, c'est en vertu de la même autorité ; c'est au nom & par l'ordre de celui dont il étoit l'envoyé & le ministre.

L'exemple de Samson est autorisé par un prodige qui le venge de ses ennemis. Ce miracle se seroit-il fait pour justifier un crime ? Et cet homme qui perdit sa force pour s'être laissé séduire par une femme, l'eut-il recou-

couvrée pour commettre un forfait authentique, comme si Dieu lui-même eut voulu tromper les hommes ?

Encore une fois, Monsieur, c'est vous-même qui vous trompez. Jamais Samson ne fut coupable de suicide. Il ne se donna pas la mort de sa propre autorité, mais par une inspiration divine. Tout est mystérieux dans sa naissance, dans sa vie & dans sa mort. Samson s'immolant pour le salut de son peuple, ne fit que se conformer à l'ordre qu'il en avoit reçu. Le miracle seul que Dieu daigna opérer dans cette circonstance, est une preuve sans réplique qu'il autorisoit ce sacrifice. Cette mort n'est donc point un forfait authentique; c'est un acte héroïque d'obéissance à la volonté de l'Être suprême. L'exemple de Samson ne fait donc rien à la question que vous agitez ici; & il est étonnant que vous ayiez pu y avoir recours.

Mon intention n'est pas de vous rappeller les raisons qui prouvent que le suicide est un attentat contre les droits de la Divinité. Ces raisons ont été tant de fois développées, qu'il est inutile de les développer de nouveau. Au surplus, il est temps de finir l'ennuyeuse tâche que j'ai entreprise; voici en deux mots ce qu'on doit penser de vous & de vos ouvrages.

Je crois trouver dans un grand fonds d'orgueil & de vanité la source de tous vos égaremens. C'est la vanité qui vous a inspiré le desir de vous distinguer à quelque prix que ce fut. Vous avez voulu être un homme unique dans votre genre; & très-sûrement vous n'avez pas mal réussi. Méprisant toutes les idées vulgaires, combattant toutes les notions communes, renversant toutes les opinions reçues, vous avez été obligé d'adopter des sentimens ridicules & bizarres. Delà vos étranges paradoxes sur les sciences, sur l'éducation de la jeunesse, sur l'état naturel de l'homme, sur l'origine de l'inégalité. Delà vos déclamations éternelles contre les loix, les usages & les coutumes des peuples de l'Europe.

C'est l'orgueil qui a enfanté cette haine mortelle que vous avez pour le genre humain. Vous regardiez vos livres comme des chef-d'œuvres, & vous vous attendiez que le public les regarderoit de même. Il vous sembloit déjà entendre les plus célèbres villes de l'univers retentir des louanges données au grand Rousseau de Geneve. Déjà vous voyiez les États de l'Europe occupés à vous décerner les honneurs publics & à vous élever des statues. Mais vous vous êtes trouvé loin de compte. Vos livres ont été flétris comme ils méritoient de l'être, l'auteur a été décrété en France & dans sa patrie ; voilà ce qui vous a fait haïr les hommes ; voilà ce qui les a rendus abominables à vos yeux.

C'est encore la vanité qui a donné lieu à vos contradictions sans nombre. Vous avez cru ne pouvoir mieux faire connoître vos talens, qu'en montrant que vous étiez en état de soutenir indistinctement le pour ou le contre, de rendre des propositions contradictoires également plausibles, de donner un air de vérité aux choses qui en sont le moins susceptibles. Voilà pourquoi on vous voit soutenir avec force dans une page le contraire de ce que vous soutenez dans une autre avec la même force. Ainsi en voulant paroître faire peu de cas de la réputation d'auteur, vous employez pourtant toute sorte de moyens, même les plus ridicules, pour obtenir cette réputation; & vous ne songez pas combien le mérite d'un orateur, tel que vous vous montrez dans vos ouvrages, est au-dessous de celui d'un véritable philosophe. Ne vous offensez pas, Monsieur, si je m'explique si librement avec vous; en accablant des injures les plus atroces la terre entiere, vous avez bien mérité de n'être point épargné. Et il est bien juste qu'on vous dise une fois vos vérités, à vous qui n'avez cessé d'employer contre tous vos contemporains le mensonge & la calomnie.

Pour ce qui est de la doctrine contenue dans vos ouvrages, elle se réduit à peu de chose. L'éleve formé à votre école ne seroit ni croyant, ni incrédule, ni pyrrhonien, ni déiste, ni athée; il ne seroit rien. Sachant que l'ignorance est l'état naturel de l'homme, il n'auroit garde de cultiver les sciences, il exerceroit son corps, & tiendroit son ame oisive; à peine sauroit-il s'il en a une. Il sauteroit, courroit, se battroit, lanceroit des pierres, escaladeroit des arbres; son savoir & son industrie se borneroient là. Il mangeroit du gland, boiroit dans un ruisseau, se coucheroit au pied d'un chêne, & tous ses besoins seroient satisfaits. Les plaisirs des sens seroient les seuls biens qu'il connoîtroit dans l'univers. Il ignoreroit s'il a un pere, une mere, des ensans ; en un mot, il vivroit comme les animaux sans raison.

Voilà, Monsieur, à quoi se réduiroit toute la doctrine d'un homme qui se conduiroit conformément à vos principes, & qui les adopteroit dans toute leur étendue. Voilà le terme où viennent aboutir toutes vos déclamations, toutes vos satyres & toutes vos invectives. Voilà la fin des grandes maximes que vous débitez avec tant d'emphase. J'ai rougi plus d'une fois en me voyant obligé de rapporter des choses que vous n'avez pas eu honte de soutenir ; & ce n'est pas sans répugnance que j'ai mis dans mes lettres ce que je ne lis pas sans indignation dans vos livres. Je n'ai pas encore dit tout ; mais j'en ai dit assez pour montrer combien ces livres sont dignes du mépris de tout homme sensé, combien ils ont mérité le traitement qu'ils ont reçu des Tribunaux ; & combien vous faites pitié quand vous dites dans votre sixième lettre de la montagne, que *ce traitement sauvera de l'opprobre ceux qui auront l'honneur d'être brûlés après eux.* Ce dernier trait est une nouvelle preuve du ridicule orgueil qui s'annonce dans tout ce qui sort de votre plume. C'est une bizarrerie de plus dans vos productions ; il y en avoit déjà assez sans elle.

Je suis, &c.

www.ingramcontent.com/pod-product-compliance
Lightning Source LLC
Chambersburg PA
CBHW071128160426
43196CB00011B/1828